豊前国の松会

その歴史と精神世界

長嶺正秀

海鳥社

はじめに

豊前国概史について

幕末期の地方の混乱とは裏腹に、維新政府は明治二年（一八六九）の版籍奉還から明治四年の廃藩置県へと突き進んだ。廃藩置県の混乱を経て豊前国の北部（企救・田河・京都・仲津・築上・上毛）六郡は福岡県へ、南部（下毛・宇佐）二郡が大分県へ合併されて千数百年に及ぶ豊前国の歴史は終焉を迎えることになる。

風土に育まれた歴史や文化が豊前国から終焉して、すでに百数十年を超える。以来、まとまった豊前国の歴史書は皆無に等しい。それでも年月の蓄積に育まれた歴史は重く、抜き差しがたく人々の脳裏の内に大きく横たわっている。

さて、豊前国の歴史を通観する時、その固有性とは宇佐八幡の「託宣《たくせん》」と、霊山彦山を中核とする山伏の加持祈禱の「呪術」が大きく歴史に影響を及ぼした。

「託宣」は国家の動向に直接影響を及ぼし、他方で後者の「呪術」は豊前地方の人々の文化や思考を通して直接生活に影響を及ぼした。その典型が、「松会《まつえ》神事」と称される早春の予祝神事《よしゆくしんじ》といっても過言でない。この二つは、どのようにして生まれ、そして醸成されていったのだろうか。そのことを意識しなければ、豊前国の歴史の本質を語ることができない。ここでは、そのことを踏まえて概史を記している。

豊前国の松会神事について

鬱蒼たる社叢林《そうりん》の巨木の森に包まれた松庭、わずか十数本の添え木に支えらえて起立する、高さ三三尺の松柱（柱松ともいう）に三十三カ所に藤葛が巻付けられている。松柱の頂上には、忉利天《とうりてん》がしつらえられており、三方には近隣の里山の集落から奉納された雨の精と称される龍をかたどった大綱が取り付けられている。

神事両輪組（色衆《いろし》・刀衆《かたなし》）と、色衆の楽打ちの踊り子らを従えた今年の主役施主盛一臈《もれいちろう》は神殿の前に進み出て一拍手と一礼が終えると、祭殿に祀られた籾種《もみたね》を松柱の周りに蒔く。

色衆の農耕生産の予祝を象る感染呪術の田行事に神歌を歌い（胎蔵界）、刀衆の除剣の舞い（金剛界）、そして祝い歌の色衆の楽打ちと称される演目が滞りなく終る。すると、神殿に祀られた竹串二本に添えられた大御幣を左肩に持ち、二名の山伏の吹く法螺貝の音色が全山にこだまするなか、施主は頭の花笠を冠って口に榊の葉を加え、腰に大刀を差している。

二人の法螺貝吹きを従えて施主は、慣例にしたがって松柱のまわりを左に三廻りする。縄梯子の前に進みでた施主は、介添えの山伏に助けられて白襷で背中に大御幣を背負う。松会詣での善男善女が見守る中、やおら施主が縄梯子から松柱の三十三カ所に巻き付けられた藤蔦を頼りに左廻りによじ登る。柱松の頂上に登った施主は須弥壇の頂上とされる忉利天を頼りに、大御幣で天地四方を祓い清める。祓い清めが終ると、施主は口に含んだ榊を破り捨て、懐から出した祭文に記された今年の演目が滞りなく終了したことを神に報告する。そして、五穀豊饒と国家泰平を神に祈る。

ここからが、松会神事と称される祭礼のハイライトである。

松庭に詣でた大勢の善男善女らは、柱松頂上の施主の所作に固唾を呑んで見守る。心定まったところで、施主は大御幣に巻かれた竹串の中ほどの白幣を取り外す。施主は腰に差した大刀を抜き、振り上げた大刀で「えい」と声をあげ竹串の柄を真ん中から切り落とす。すると、大御幣は右手に残り、切り放たれた竹串は真っ逆さまに音たてて松庭に落ちる。

その一瞬、松庭に詣でた人々の歓喜の声と拍手が松庭に鳴り轟く。そして、やおら施主は大刀で純白の大御幣を切り落とす。空中をひらひらと舞った御幣は、松柱の根元へ舞落ちる。

この瞬間こそが、神の御種《みたね》と松柱の廻りに蒔かれた種籾に神が宿した瞬間である。まことに、厳粛極まりない祭礼である。

松庭の善男善女は、神の御種が宿った種籾を競って拾う。神が宿った種籾と自宅の種籾を混ぜれば、豊作間違いないといわれる所以《ゆえん》は、ここにある。施主による幣切りが終了する頃、一面は雲霧に包まれることが多い。

人が神に成り代わって行なうこの祭の意味は、次のようなことが想定されよう。つまり、松庭に聳え立つ松柱は男性シンボルそのものであり、他方で、松庭が女性の陰部に相当する。女性の陰部に舞落ちる御幣には、神の御種が宿っている。神の代理をした施主がいてこそ、陰と陽が結実したことを意味する。

松会神事は早春の祭礼であるから、五穀豊穣と国家泰平を祈願する予祝神事である。年間最大の神事である修験道霊山の早春の祭礼には、仏教・神道・道教が根底に重層化している。この奥深い修験道の祭礼が豊前国固有の文化と称される所以は、ここにある。

二〇一五年一月八日

長嶺正秀

豊前国の松会◉目次

凡例

本書の第二章、第三章、第四章の各霊山の歴史の月日は旧暦で表記した。

第一章　豊前国の概史

宇佐八幡宮南中楼門　撮影・佐野正幸

豊前国の環境と前代史

一、地理と環境

　豊前国は北部九州の東北部に位置し、関門海峡をへだてて本州西端に隣接し、北の響灘と東の周防灘に面し、それぞれ玄界灘・瀬戸内海へと繋がる。このような地理的環境から、古代から西の筑前国と東の瀬戸内海の各国々との、つまり畿内と大陸への架け橋的役割を担ってきた。豊前国は、南から南東は豊後国、西は筑前国に接する。

　そのような地理的・文化的狭間にあって、古代には四万社の総社といわれる宇佐八幡社を、中世には彦山（英彦山）を中核に豊前六峰と称される山々で山岳修験道の申し子といわれる松会神事を育んだ。なお、「彦山」の名称は享保十四年（一七二九）に霊元法皇より彦山に「英」の美称を冠した「英彦山」の勅願を下賜され（英彦山文書『彦山来歴記』）、彦山大権現を唱えた。従って、原則として享保十四年以前を「彦山」、それ以後を「英彦山」と記している。

　豊前国は明治九年（一八七九）に北部六郡（企救《きく》・田河《たがわ》・京都《みやこ》・仲津《なかつ》・築城《ついき》・上毛《かみつみけ》）が福岡県に、南部二郡（下毛《しもつみけ》・宇佐《うさ》）が大分県に編入されて「豊前」国名が消滅した。

二、豊前国前代史

　少なくとも三世紀中頃から後半までに国家としての体裁を整えた畿内の大和政権で創出された初期前方後円墳は、三世紀後半代になると、周防灘に面した平野部に築造される。京都《みやこ》平野北端の石塚山古墳、中津平野の山国川北岸の能満寺一号墳、宇佐平野の駅館川《やつかんがわ》南岸の赤塚古墳がそれである。

　これらの豪族の墳墓は、豊前地方がいち早く初期大和政権下に組み込まれたことを明示する。石塚山・赤塚両古墳の被葬者の傍らには三角縁神獣鏡などが副葬された。これらの威信財は畿内に被葬者らが生前に出仕した政権から下賜された品々である。

　豊前地方の豪族として知られるのが豊直と菟狭《うさ》君、県《あがた》主《ぬし》が長峡《ながお》県主と上膳《かみつみけ》県主である。ちなみに玄界灘に面した地域には宗像三女神を祀る宗像君があるが、

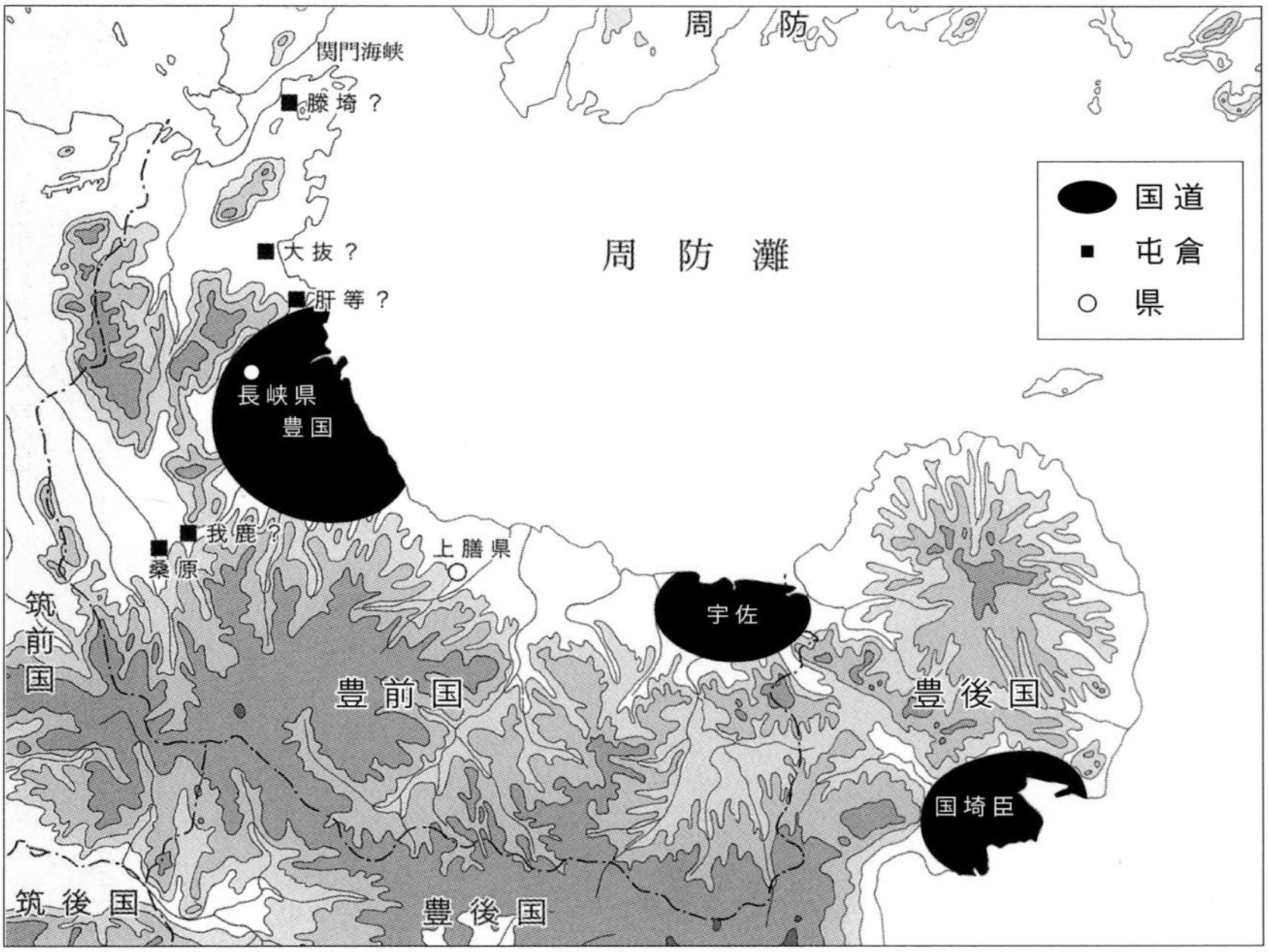

図１　豊前国の県主・国造と県・屯倉の分布図

その宗像三女神は宇佐神宮でも祀られ浅からぬ因縁をうかがわせる。

『日本書紀』継体天皇二十一年（五二七）六月によれば、大和政権は新羅に併合された朝鮮半島南部の地を奪回するために、近江毛野臣《おうみのけぬをみ》は六万を率いて渡ろうと西へ下った。新羅はこれを察知し、反撃の機会をうかがっていた筑紫国造の磐井《いわい》に誼《よし》みを通じ、渡海軍を阻止することを依頼した。

磐井はこれを受けて官軍に戦いを宣言。国内では火君（肥前・肥後）・豊（豊前・豊後）まで勢力を張り、国外は海路を押さえて朝鮮半島の国々から大和政権に向かう船を自領へ引き入れていた。

大和政権は物部《もののべ》大連麁鹿火《あらかひ》を大将軍に任じ征討に向かわせた。両軍の戦闘は一年あまりに続き、翌年十一月十一日の決戦で磐井は斬られ、大和側の勝利で終焉を迎える。磐井の子葛子《くずこ》は反逆罪を恐れ、その年の十二月に外交の窓口であった糟屋屯倉を献上して許されたと伝える。

ところで、『日本書紀』には興味深い記述がみえている。すなわち、磐井は毛野臣に対しての「昔は吾が供《とも》と肩を触《ひじす》り肘触りつつ、共器《おなじけ》にして同食《ものくら》いき」と記されている。これは、磐井が大和政権の中枢に出仕していたことを物語る。

一方、『日本書紀』と同じ頃にできた『筑後国風土記』の逸文では、磐井は前記した豊前の上膳《かみつみけ》の県《あがた》に逃れて行方不明となり、筑後の上妻《かむつま》の県《あがた》にあった磐井の墓岩戸山古墳の石人石馬を政権側の兵士が壊したと伝える。

大和政権は磐井の乱平定後、各地に屯倉を設置して乱の後、軍事的な部民の再編成などによって支配体制を強化し、外交権の一元化も果たしたという。

ところで、この磐井の乱は豊前の平野部に君臨していた豪族と屯倉の設置に大和政権の二つ政策の痕跡を残す。それは、磐井の乱の戦後処理といっても過言でない。前者が豊前南部に君臨していた宇佐君と上膳県の没落、後者は『日本書紀』安閑天皇二年条にみえる北部豊前の五屯倉（大抜《おおぬき》・膝碕《みさき》・肝等《かと》・我鹿《あが》・桑原《くわはら》）の設置である（図1）。

豊前国の創始

一、国号と国の概要

『国造本紀』によると、豊国宇那足尼と宇佐国造宇佐都彦命がいたとされる。『豊後国風土記』には「豊後の国は、本、豊前と合わせて一つの国たりき」とあり、国号の由来として豊国直らの祖である菟名手《うなで》に国を治めさせたところ、仲津郡中臣村《なかとみ》（『和名抄』の同郡中臣郷か）に至ったとき白鳥が飛来して餅となるなど祥瑞《しょうずい》が現れたのを朝廷に奏上し、景行天皇より豊国の名を与えられたとある。この豊国が後に豊前・豊後両国に分かれた。

豊前国がみえる早い事例は大宝二年（七〇二）の豊前国戸籍（「正倉院文書」『大日本文書』一）であるが、『続日本紀』文武天皇二年（六九八）九月二十八日条に「豊後国真朱」が献じられたとみえており、七世紀末には両国に分かれていた。

『和名抄』は豊前国を「止与久邇乃美知乃久知《トヨクニノミチノクニ》」と読み、国内は企救・田河・京都・仲津・築城・上毛・下毛・宇佐の八郡であった。同書諸本のうち東急本などは本田を一万三二〇〇町余りとし、名博本は一万七三七七町とするが、『色葉字類抄』をはじめとする史料は一万三二〇〇町とある。

国府の所在地は『和名抄』に「国府在京都郡」と記されているが、誤記であろうか。

豊前国府は二つの時期の遺構が仲津郡から確認されている。おおよそ豊前官衙《かんが》の時期は八世紀初頭頃～八世紀前半代の長者屋敷遺跡と、八世紀中項以降の国作・惣社地区の遺跡に分かれる。長者屋敷遺跡の規模は西海道諸国最大の大宰府政庁とあまり異ならず、国作・惣社遺跡からは「急急如律令」と記された呪符木簡が発見されている。

長者屋敷遺跡の場合、養老四年（七二九）に勃発した隼人の乱と、『延喜式』民部上の規定に銭貨の鋳造を司った鋳銭司へ送るとみえる記述の二つの要因が推察される。一つは国外以外に緊張する南九州隼人の乱後の戦後対策に、もう一つは国内有数の産銅拠点田河郡香春岳《かわらだけ》の産銅安定供給に対しての国策が背景にある。国内外の情勢が安定した頃に、国分寺近くの国作・惣社地区へと通常の上国規模に縮小して移動したのであろう。

豊前国分寺は『続日本紀』天平勝宝八歳（七五六）に他の二十五カ国とともに仏具が下賜されているから、この頃に建立されたのであろう。国分寺料は『弘仁式』主税によれば二万束、『延喜式』で一万四二七四束であった。『政事要略』には豊前国司は守として養老四年（七二〇）、宇野奴男人が早い事例としてみえている。

『延喜式』民部上によると豊前国は西海道に属す上国。主計上での調《ちょう》は綿紬《わたのつむぎ》・綿・絹・糸・貲布《さよみのぬの》・鳥賊・雑《くさ》魚楚割《くさのそはり》、庸《よう》は綿・米、中男作物は防壁・韓薦・折薦《おりこも》・黒葛《つづら》・黄蘗皮《きはだのかめ》・海石榴《つばき》油《あぶら》・胡麻油・荏油《えのあぶら》・烏賊・雑魚楚割・鹿鮨・鮨年魚などである。

主税上での正税・公廨は各二十万束、文殊会料二千束、府官公廨十万束、衛士料一万七五五四束、修理府官舎料六千束、池溝料三万束、救急料四万束、ほかに対馬に二千石が供出された。

この他の規定では、銅二五一六斤十両二分四銖・鉛一四〇〇斤を鋳銭司へ送ることになっていた。その大部分は、田河郡の香春岳の産出であったろう。

兵部省諸国駅伝馬条には、国内に置かれた駅馬は社《もに》埼《さき》・到津《いとうづ》（各十五疋）、田河・多米《ため》・刈田《かんだ》・築城・下毛・宇佐・安覆《あしぶ》（各五疋）であった。

　豊前国式内社は宇佐郡の宇佐宮の三座（誉田《ほんだ》別命《わけのみこと》・比売大神《ひめがみ》・息長帯《おきながたらし》比売命《ひめのみこと》）と田河郡の香春社の三座（辛国息長大姫大目命《からくにおきながおおひめおおじのみこと》神社・忍骨命《おしぼねのみこと》神社・豊《とよ》比売命《ひめのみこと》神社）の二所の計六座である。

　朝鮮半島系の文物が豊前地方の遺跡に急増するのは五世紀前半代までさかのぼるが、六六三年の朝鮮半島の白村江で惨敗した倭・百済連合軍はその後の列島社会に大きな影響を及ぼした。

　白村江の大敗は、九州東北部の瀬戸内海の西端の周防灘に面する豊前国内に多くの痕跡を残す。古代山城の築造、半島系の古瓦を使用した古代寺院の建立、外来神を祀る神社の建立、帰化人系の戸籍などがそれである。

　古代山城は京都郡の（御所ヶ谷山城跡）、上毛郡（唐原山城跡）。古代寺院は田河郡（天台寺廃寺）、京都郡（椿市廃寺・菩提廃寺）、仲津郡（上坂廃寺・木山廃寺）、上毛郡（唐原廃寺）、下毛郡（相原廃寺・塔ノ熊廃寺）、宇佐郡（法鏡寺廃寺・虚空蔵寺跡・小倉ノ池廃跡・弥勒寺跡）で、建立は七世紀後半～八世紀後半にかけてで、古い時代の寺院には朝鮮半島の百済系・高句麗系・新羅系の古瓦が使用されている。外来神を祀るのが前記した田河郡（香春社）と宇佐郡（宇佐宮）である。なお、帰化系の戸籍は「三、秦氏の進出と豊前国戸籍」に記している。これらの建造物・文物、それに加えて人々の信仰の精神世界は、渡来系のものが極めて目立つ。ここに、豊前国の人々が宗教という精神世界に深く浸透していたことが指摘できる（図２）。

二　楉田《しもとだ》愛比《えひ》貴族へ

ところで、『類聚三代格』の延暦十五年（七九六）十一月二十一日収録の太政官付には、天平十八年（七四六）十一月二十一日条に記事がある。

　それによれば、このころ官人・百姓・商人の徒が豊前の草野津から官物を直接難波《なにわ》宮の津へ運びながらほしいままに私物の交易を行なっていた。こうした行為は、明らかに大宰府の存在を脅かす不法行為にほかならない。大宰府がそのような行為に対して禁圧を求め

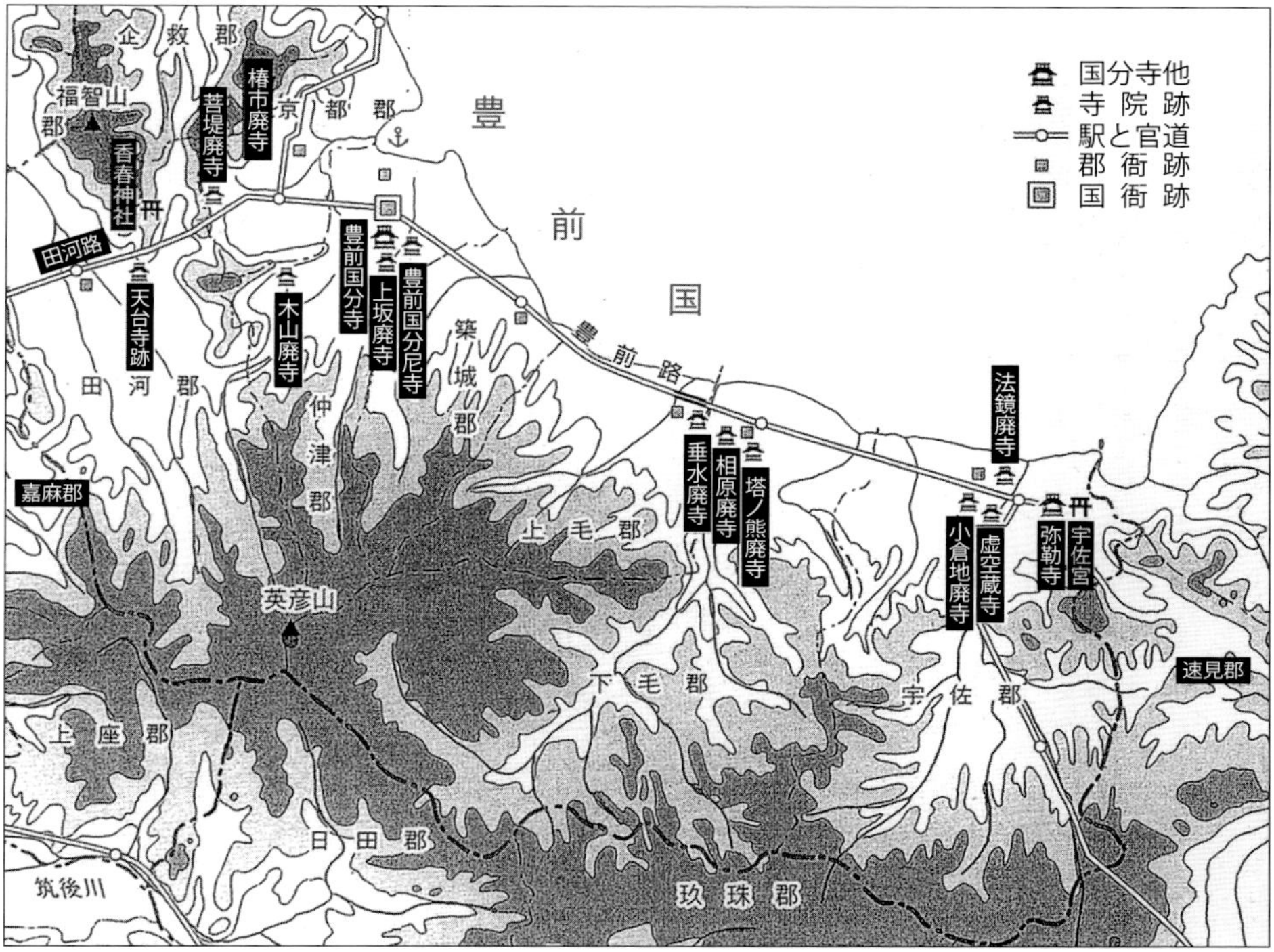

図２　豊前国の古代寺院と遺跡分布図

たにも関わらず、なお奸輩徒が多いというありさまで、実効が挙がらなかった。

ここで注目されるのは、それらの不法行為が「官人」とあるように国衙や郡衙の役人が関わっており、官民一体となった地域ぐるみの不法行為であったことを示す。

その官人の一人としてみえるのが天平十年（七三八）『続日本紀』藤原広嗣《ひろつぐ》の乱にみえる京都郡大領外従七位上の楉田《しもとた》勢《せ》麻呂《まろ》である。彼は、京都平野の山間部麓に建立された椿市廃寺に関わっていたことが指摘されている。椿市廃寺は畿内の難波宮の津の近くに建立された四天王寺同様の四天王寺式伽藍配置を有する寺院跡で、高句麗・新羅・百済系古瓦を出土する。つまり、椿市廃寺建立に当時、畿内と半島系の先端技術が融合した建造物であったことがうかがえる。難波津と瀬戸内海を頻繁に往復していた官人楉田氏が無縁であったとは思えず、それで巨万の富を蓄積していたことがうかがえる。

藤原広嗣の乱から遅れること三十八年後の宝亀

七年（七七六）に『続日本紀』巻三八に楉田氏の記事に「十二月丁酉…中略…◯、庚戌、豊前京都郡に人正六位上楉田勝愛比に姓を大神《おおがみ》楉田朝臣と賜う……」と記載されている。ここにみえている京都郡の楉田勝愛比は、何らかの大きな功績で朝廷から宇佐宮の神官として知られる大神と朝臣を賜っている。

八年後の延暦十八年（七九九）の記述には「延暦三年（七八四）十二月己巳、詔して、…中略…正六位上奈良《なら》忌寸《いみき》長野《ながの》・大神楉田朝臣愛比・三使朝臣清足・麻《あさ》田《だ》連狎賦《かりふ》・高篠《たかしの》連広波《ひろなみ》に並に外従五位下。……」記述されている。つまり、大神楉田愛比は外従五位下とはいえ、末席ではあるが貴族の一員になったことを意味している。

七三八年の藤原広嗣の乱に登場した京都郡大領外従七位上楉田勢麻呂の子孫と思える楉田勝愛比は七七六年に正六位上として大神と朝臣を賜り、七八三年には再度昇格して外従五位下となって貴族の一員となっている。この間、京では七四三年の毘盧遮那仏金銅仏の発願、七五二年の東大寺大仏の開眼供養と一連の国家的一大事業があった。その大仏開眼という国家的一大事業には、銅ほかの金属の国内自給が急務であったので楉田愛比の働きは、朝廷の思惑に適うものであった。

豊前田河郡香春岳産出の産銅が一翼を担っていたので、宇佐宮の大神と朝臣が冠されていたことと矛盾しない。そして、大神楉田愛比朝臣が貴族の末席に加えられた背景は、天平一八年の「官人百姓商旅之徒」の記事に起因している。

三、秦氏の進出と豊前国戸籍

大宝二年の豊前国戸籍は仲津郡丁里《ていり》と、上三毛郡塔里・同郡加自久也里が残存している。各里とも秦部及び朝鮮系の姓にみえる「村主《すぐり》」と同義という「勝」の姓を冠する人物の合計が丁里は全戸四八〇人のうち四〇〇人、塔里は全戸一二九人のうち一二四人、加自久也里が七十四人のうち五十五人と圧倒的に多い。また「〇〇勝」という姓をもつ人物は在地性の強いことが指摘されており、豊前国でも同様で、例えば上三毛郡塔里の戸籍にある「塔勝」は塔里と関連すると考えられる。同様に上屋勝は上毛郡上身郷、調勝は築城郡搗木《ついき》郷、丁勝は仲津郡丁里、狭度《さわたり》勝同郡狭度郷、高屋は同郡高屋里、阿射弥勝は同郡呰見《あさみ》郷であろう。このような秦氏の豊前国への進出は、継体天皇二十二年に起きた磐井の乱後に大和政権の支配が九州に及んだことによる。

具体的には、『日本書紀』安閑天皇二年五月九日条に「豊国」に滕碕《みさき》（企救郡）・大抜《おおぬく》（企救郡）・肝等《かと》（京都郡）・桑原《くわはら》（田河郡）・我鹿《あか》（田河郡）の五屯倉が設置されたことによるであろう。

秦氏は渡来の技術でこの地方の開発や文化の進展に寄与したが、『豊前国風土記』逸文（「宇佐宮託宣集」）に新羅の国の神が自ら住み着いたという説話は、新羅神を奉祀する秦氏が集団的に産銅技術をもたらしたことを示唆している。

四、山岳宗教の胚胎

豊前国には、彦山や求菩提山のような信仰の対象となった霊山がある。このような山岳宗教は伝統的な山などの自然物に対する信仰が、大陸から入ってきた仏教や道教と融合して成立して修験道という怪しい世界へと醸成されていったことを物語る。

ところで、『新選姓氏録』や『日本書紀』に天皇が病気になった際、豊前国から奇巫《きふ》や法師《ほうし》を招いたと記される。『新撰姓氏録』和泉紙別条にみえる雄略天皇の病気をなおすため「筑紫豊国奇巫」を、『日本書紀』用明天皇二年四月二日条には用明天皇病気の際に「豊国法師」を招いたという。

宮中に招かれた奇巫とは、呪術師。法師とは、医学を体得した僧侶である。『梁塵秘抄』によれば、彦山は六世紀前半に開山したと伝えられ、平安時代にはすでに修験の場として著名になっていたと伝える。

彼らは加持祈禱の呪法を行なうが、その最盛期は中世であった。中世が過ぎ、近世になると修行はまじない師に堕する者も現れたという。

五、府支配と豊前

九州は国と中央の間に大宰府が存在したため、他の地域とは異なる制度が多い。『延喜式』民部上には西海道の調庸物はすべて大宰府に納め、一部を都《みやこ》運ぶことになる。そのため『延喜式』主計上では調庸物・中男作物の貢進を大宰府までの距離で表しており、豊前国は上り二日、下り一日であった。京上に際しては真綿が納められたことが平城京出土木簡の「豊前国仲津郡調短綿壱百屯　四両　天平三年」という記載からわかる。筑前国鴻臚館跡出土の木簡には「京都郡庸米六斗」と記される。

大宰府は米や馬の管外への持出しを禁じ、管外へは府の過所と門司での勘過《かんか》（関所を通ること）を受けることなしに通交できないなど厳しい統制をしいていた。『太政官符』類聚三代格によれば、天平十八年（七四六）に豊前・豊後の三津（草野・国埼・坂門）より意に任せて往還し、ほしいままに国物を輸送する「官人百姓商旅之徒」が問題とされ禁止されたが、それでも門司を経ずに摂津難波に集まる奸徒が多いので、延暦十五年（七九六）に摂津国司の勘検を請うとの大宰府の上申があった。これにより門司での勘過が免除され、一層私船による交易が盛んになった。『三代実録』によれば、貞観十一年（八六九）五月二十二日に博多津において新羅海賊が豊前国年貢絹綿を奪い逃走した事件が生じている。

六、京都郡の少領膳臣広国の体験

『日本霊異記』第三十に「豊前国宮子（京都）郡の少領膳《かしわでおみ》臣広国は、慶雲二年（七〇五）に死んだが、三日で蘇り、父が死後の世界で苦しんでいる姿をみて、父のため仏像を造り、経巻を写して供養したという。父はなぜ仏罰を受けたのか。生前に父は生物を殺し、人に八両の綿を貸して十両を責め取り、小斤の稲を貸して大斤に取り立て、他人からあくどく奪ったからだという。

これは広国の父が「人に八両の綿を貸して十両を責め取り」という私出挙《しすいこ》を行なっていたことを示す。「政府が私出挙の利は十割を超えてならぬとしたが、京の東大寺でさえ十八割の利を取り立てる有様である。小斤を大斤で返させるのは三倍にして儲けることで、その質物は土地や家屋で、ある場合は妻子を質に入れた例もある」と記している。要するに、郡司のような権力者の富は、このような高利をとることによって集積され、在地支配をより一層強固なものとした典型的な事例といえよう。

さて、この逸話は仏法に帰依した広国が死後に蘇り黄泉の世界を語る物語で、広国は世間（東大寺）の現状を嘆き、ことに生前の父の非道を訴えた体験を告白しているのである。死後の体験と三日での蘇りとあるのは、一種の臨死体験にも似たものであったと思える。要するに、時代を超えて御仏に帰依していた聖者の広国が貧しき者の民苦を訴えている典型といえる。

七、膳氏のルーツと古代寺院

元来、膳臣は天皇や朝廷で食膳を担当した膳職の伴造氏族で、六世紀以降に台頭し、膳職の伴造としてトモやべを管掌するようになった。一族の活動には、本来の供膳の職務に関わるものとして、磐鹿六雁命・膳臣余臣。若桜長野臣の祖・膳臣長野の祖（宍戸臣の祖か）の伝承がある。

斑鳩《いるか》（雄略朝）・巴提便《ばすび》（欽明朝）・傾子《かたぶこ》（欽明〜推古）・大伴《おおとも》（推古）・葉積《はつみ》（斉明）などの諸氏の活動は、この氏が朝鮮諸国を対象とする交渉・軍事に携わった事実が示しており、安閑朝の大麻呂の事績や膳氏・膳大伴部の分布を通じて六世紀以降の大和政権の屯倉設置にも主要な役割を担ったことが推測できる。

六〜七世紀の政界では朝廷の議政官である大夫を出す高い家柄で、厩戸皇子（聖徳太子）に傾子の女菩岐々美郎女が嫁ぎ、上宮王家諸王の外戚になるなど、天皇家との密接な関係にあった。

右の記した畿内を根拠とした膳臣氏は大宝二年（七〇二）の豊前国戸籍（「正倉院文書」『大日本古文書』一）にみえている。その戸籍によると上毛・仲津の両郡に、膳臣と記された渡来系の氏姓を持つ人々がいた。郡は違うが、前述したように「宮古郡」（京都郡）少領膳臣広国の父は私出挙を行なっており、仏法に帰依したいと嘆いている。藤原広嗣の乱に際して追討軍に兵八〇人とともに帰順した仲津郡擬少領無位膳東人がいた（『続日本紀』天平十二年〔七四〇〕九月二五日条）。その他に、後述しているように長野角屋敷遺跡出土木簡にも税帳の膳臣澄と見えているから膳氏は上毛・仲津・京都・企救の各郡に住んでいた有力氏族だった。

次に、豊前国仲津郡の古代寺院のひとつである上坂廃寺のことを記しておこう。この古代寺院は主要な堂塔伽藍を備え、七世紀後半建立の寺院である。上坂廃寺の屋根には使用された瓦は朝鮮半島の百済系の古瓦が使用されており、百済と畿内に浅からぬ関係にあったことがうかがえる。この他に、屋根瓦を供給したのは、隣の築城郡の船迫瓦窯跡群であったことが判明している。

ところで、近年の研究の進展によって、地方の寺院は郡司クラスの有力豪族の氏寺であったとの指摘がある。仲津郡に建立された古代寺院も、同郡の渡来系の有力氏族が建立したと考えて大過ないであろう。

上坂廃寺を建立したのは誰であろうか。その候補になるのが、豊前国仲津軍丁里（丁里の比定地は不明）の戸籍に住民の中の一族に膳臣氏がみえている。おそらく、膳臣氏とその一族は大和政権が設置した屯倉に伴って機内から移住してきた氏族膳臣氏の末裔と推察される。この地には、郡は違うが、京都郡の少領膳臣広国の父の私出挙の際の嘆きと寺院との密接な関係を考慮して良いであろう。もうひとつ、上坂廃寺と膳臣氏、そして前記した機内の上宮王家諸王の外戚との三者との関係も無視できない。こう推論すれば、仲津郡の上坂廃寺を建立した者が同郡丁里に居住していた渡来系の有力氏族膳臣氏という蓋然性がある。

八、長野角屋敷遺跡出土木簡の意味

企救郡の大領を物語ることで重要な遺物が、北九州市小倉南区の長野角屋敷遺跡出土の木簡である。その木簡の内容は、大領物部臣今継が稲などの税を収めた正倉を管理する税帳の膳臣澄が十日間出仕せず、倉の管理を怠ったため、不祥事が起きたと叱責。明け方に遅刻せず、郡衙に出頭するように求める呼び出し状であるが、不祥事の内容は不明で、全文は以下の通りである。

表に、

右為勘

郡召税長膳臣澄信　　持事版□□等依□

不避晝夜視護仕官舎而十日不宿□

裏に、

只今暁参向於郡家不得延□□□

大領物部臣今継　　□□□

木簡の内容もさることながら、奈良時代末期～平安時代初頭の企救郡の大領が「物部臣今継」であったことがわかる貴重な物証である（写真参照）。

宇佐八幡神の国家神への飛躍

一、宇佐八幡神の創始

宇佐八幡は、承知の通り全国八幡神の総社である。その創祀《そうし》と驚異的な発展の経緯については、なお多くの謎に包まれている。

八幡神について、多くの研究者が指摘し共通するいくつかの特色がある。それは、特定の地名を冠しない神であること、仏教との本能的な融和と渡来人との文化的な結び付き、神の言葉（託宣）を持つこと、そして何より劇的な出現である。

長野角屋敷遺跡出土木簡（右・表、左裏）
北九州文化振興財団埋蔵文化財調査室蔵

八幡神の出現は正史によれば、天平九年（七三七）である。その大きな特徴ひとつである八幡神の言葉「託宣」は、『新撰姓氏録』や『日本書紀』の記述にみえる奇巫・法師と無縁であったとは思えない。

二、僧法蓮と宇佐八幡神

宇佐の古代仏教と八幡神の命題に迫る上で、鍵を握る一人の人物がいる。僧法蓮《ほうれん》こそが、その人である。この法蓮については、彦山にかかる山岳修験の祖とする伝承もある。

法蓮は、『続日本紀』によると、国家から彼は二度の褒賞を受けている。まず、大宝三年（七〇三）に医術を賞せられて豊前国の野四十町を賜った。さらに養老五年（七二一）に禅儀に優れ医術によって民苦を救った功績によって一族の三等の親族に宇佐君を賜ったという。彼は医術に優れて禅を修し、法梁の範であったという趣旨から、畿内の仏教界とあさからぬ因縁がかいま見える。彼は大宝三年の褒賞前後に一族とともに豊前国の宇佐山本の虚空蔵寺《こくうぞうじ》を拠点としたと推測される。その虚空蔵寺は九州の一地方としては、際立って都ぶりの寺院であった。

法蓮は宇佐神宮の弥勒寺《みろくじ》建立にも関わっていたらしく、初代別当であったという。若干、時代を遡るが、『弥勒寺建立縁起』や『八幡宇佐御託宣《ごたくせん》集』などによれば、神亀二年（七二五）、宇佐東方の日足《ひあし》の里に弥勒禅院が建立される。この禅院は天平九年（七三七）に宇佐宮社殿の西に移されて弥勒寺となる。

神亀二年といえば、八幡神の歴史にとって重要な意味を持つ年であった。八幡大神にとって大きな契機になった養老四年の隼人征伐で、前述した法蓮の褒賞があった養老五年の前年にあたる。つまり、法蓮の褒賞と隼人征伐は連動していることになる。

『弥勒寺建立縁起』などによれば、天平三年（七三一）には八幡神が官幣にあずかっている。『続日本紀』同九月四朔日、朝廷は伊勢神宮などと合わせて「八幡ノ二社」に新羅の無礼を奉告し、幣を奉じている。

さて、宇佐八幡の驚異的な発展には国家的な政策が指摘されている。それは大神氏と辛島氏らの祭祀を総合し、僧法蓮が代表する仏教の要素を取込んで成立した神である。それは前記した『続日本紀』にみえる隼人の乱を契機とするが、隼人の乱の後に勃発し、朝廷を揺るがした藤原広嗣の乱のことを今一度記しておこう。ちなみに、この乱は豊前国の企救郡板櫃川を主戦場にしたという。

三、藤原広嗣の乱と宇佐八幡神

『続日本紀』天平十二年（七四〇）八月二十九日条には、大宰少弐藤原広嗣は僧正玄昉《げんぼう》と右衛士督下道朝臣真備《まきび》を弾劾する上表文を提出し、月末には挙兵したとあり、朝廷側は追討軍を編制、九月半ばまでに長門国に達した。追討軍の大将軍大野《おおの》東人《あずまびと》の報告によれば、九月二十一日、長門国より豊浦郡司ら尖兵四十人、翌二十二日は佐伯常人らが隼人二十四人・軍士四千人を率いて渡海。二十四日には豊前国京都郡鎮長で大宰史《し》生《しゅう》の小長谷常人《をわせのつねひと》、企救郡板櫃鎮《いたびつちん》小長《せつ》の凡河内田道《おほしかうちだみち》を殺獲、登美《とみ》・板櫃・京都郡の三鎮《ちん》を占領し、その営兵一七六七人を生け捕りにし、兵器多数を押収したが、板

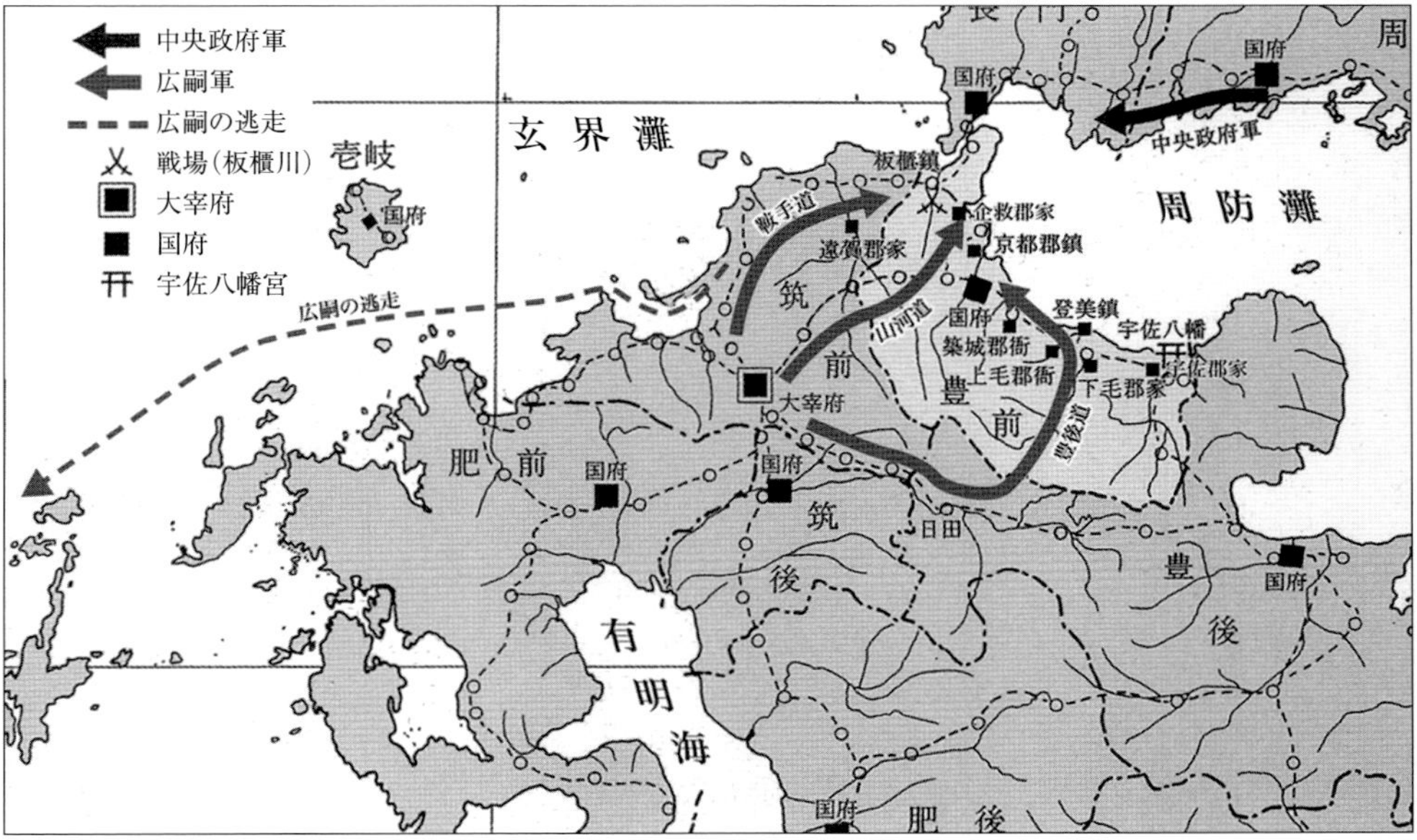

図３　藤原広嗣軍と朝廷軍の攻防図

櫃鎮大長《だいちょう》三田塩籠《みたのしほこ》は逃したという。

これにより京都郡大領外従七位上楉田勢麻呂《しもとだのせまろ》の兵五〇〇騎、仲津郡擬少領　膳東人《かしわであずまひと》の兵八十人、下毛郡擬少領勇山技美麻呂と築城郡擬少領外大初位上佐伯《さえき》豊石《とよいわ》の兵七十人が追討軍側に帰順、また豊前国百姓秋山らが逃げていた三田塩籠を殺害し、上毛郡擬大領紀《きの》宇麻呂《うまろ》ら三人が共謀して賊徒を斬った。

一方、九月半ば頃に広嗣の本隊は筑前国遠珂郡家に軍営を設け、兵の徴発などを行なっていたが、十月に広嗣は一万騎を率い板櫃川に布陣して追討軍と対峙した。しかし、ほとんど戦わずして広嗣軍は崩壊してしまう。降伏した隼人の族長唹多理志佐《はんたりしさ》の言によると、本来広嗣軍は大宰府の管内諸国から招集した兵を三手に分け、自らは大隅・薩摩・筑前・豊後などの兵五千を率い鞍手道から、弟の綱手は筑後・肥前などの兵五千を率い豊後国へ、多胡古麻呂は田河道から進発して関門海峡を目指したようである。結局、広嗣は板櫃川の合戦後の十月二十三日に肥前国松浦郡値嘉島長野村で捕らえられ、乱は終息する（図３）。

なお、天平十二年十月九日条に大将軍大野東人は八幡神に戦勝祈願をしている。天平十三年、藤原広嗣の反乱鎮定の功にむくいるため、秘錦の冠一頭を始め、金字の最勝王経・法華経各一部、度者（僧）十人、封戸の馬五匹を寄進、三重塔一区を建立している。

四、宇佐八幡神国家神への飛躍

天平勝宝元年（七四九）、八幡神は東大寺の毘盧遮那《びるしゃな》仏《ぶつ》建立の協力のため上京しているが、その仔細を『続日本紀』は詳細に記録する。

八幡神の報を受けた朝廷は参議石川朝臣年足、侍《し》従《じゅう》藤原朝臣魚名《をしたり》（うおな）らを迎神使とし、途次の諸国兵一〇〇人を動員し前後を駆除させ、さらに上京通路にあった諸国の殺生を禁じ道路を清掃させた。八幡神が京に近づいた十二月十八日には、五位十人、散位二十人、六衛府舎人各二十人を平群《へぐり》郡に迎えさせている。こうしたなか八幡神は十二月二十七日に入京した。

禰宜《ねぎ》尼《に》大神社女《もりめ》は東大寺を拝した。孝謙天皇、太上（聖武）天皇、光明皇后、左大臣　橘　諸兄《たちばなのもろえ》ら百官、諸氏人ことごとく東大寺に会し、僧五〇〇〇人が礼仏読経するなかで、大唐・渤海《ぼっかい》、呉《くれ》の舞・五節《ごせち》の田舞・久米舞が奉納された。八幡神はこの功績で封戸《ふこ》を受け、東大寺に手向山八幡が勧請された。これが、八幡神が一地方神から国家神へと飛躍する決定的なできごとであった。

その後、宇佐八幡は薬師寺僧行信《ぎょうしん》との厭魅《えんみ》事件に関わって一時勢力を失う。しかし、神護景雲三年（七六九）には八幡神が道鏡《どうきょう》を天皇にとの託宣を出し、国家をゆるがす政争に発展した。この事件には、宇佐宮内の大神・辛嶋・宇佐の三神職集団の確執がからんでいたとみられている。この時、称徳天皇は和気清麻呂《わけのきよまろ》を宇佐に派遣、重ねて神託をうかがい道鏡の野望は阻止された。

宇佐宮内の確執はその後も続くが、最終的には三氏の共存体制が確立する。その後、延暦年間には八幡神は八幡大菩薩を称するに至る。

五、荘園領主宇佐宮と摂関家

八幡宇佐宮は奈良時代の政争に巻き込まれ、封戸の返却を余儀なくされた時期もあったが、古代を通じて一四〇〇戸という膨大な封戸や神田をかかえる神社であった。この封戸の収入は直接宇佐宮に集められるのではなく、延暦年間（七八二〜八〇六）以降、大宰府の府庫に一旦納められるようになっており、宇佐宮の経済は大宰府によって掌握されていた。

十世紀後半、独自な荘園形成の動きが神宮寺《じんぐうじ》の弥勒寺を中心に認められる。長保元年（九九九）に弥勒寺の講師として豊前出身の元命《げんみょう》という僧侶が就任する。

一方の大宰府の長官帥は平惟仲《これなか》で、彼は弥勒寺再建を停止したり、大宰府任命の権講師《ごんのこうじ》を弥勒寺に送りこんだり、府使の派遣を行なうなど、宇佐宮の自立化の動きを牽制する。これに反発した宇佐宮側は大宮司大《おお》神邦利《がくにとし》と元命が手を結び、中央政府に大宰府の非法を訴える長保事件が勃発。事の顚末は藤原道長と手を結んだ宇佐勢力が惟仲を罷免に追い込み、宇佐の独自な荘園体系の基盤となった。

次に元命は大宮司邦利も罷免に追い込み、外孫の宇佐相方《すけかた》を大宮司に就任させて宇佐宮全体を掌握した。やがて彼は、中央の石清水《いわしみず》八幡宮に進出する。石清水八幡宮では創始以来別当職を独占してきた紀《き》氏一族を排除して別当職に就任、八幡宮という宇佐八幡と石清水八幡宮を結合した宗教権門をつくりあげることに成功する。

元命の時代、道長や頼道の権勢を背景に弥勒寺や宇佐宮に荘園の集積が進み、弥勒寺は香春社（豊前国）、大分《だいぶ》宮・筥崎宮（筑前国）、千栗《ちくり》八幡宮（肥前国）、新《にっ》田《た》八幡宮・大隅正八幡宮（以上大隅国）、壱岐八幡（壱岐国）、対馬八幡（対馬国）などを支配下に置いた。

元命の子息清成《せいしん》・戒信《かいしん》や孫清秀《せいしゅう》・清円《せいえん》らもあいついで石清水の別当、弥勒寺の講師に任じられて十一世紀を通じて膨大な所領が形成されていく。

十一世紀末、再び紀氏が力を復興し、十二世紀初頭には元命の子孫は死に絶えて石清水の紀氏の別当が弥勒寺を支配するようになる。

元命が永承六年（一〇五一）年に死去すると、宮方では天喜二年（一〇五四）に元命と一族の婚姻関係をもたない宇佐公則《きんのり》が大宮司に就任した。これ以後宮方は摂関家と積極的に手を結び、宮独自の荘園拡大をはかる。

元命の時代、宇佐宮は大宰府の宇佐町と呼ばれる倉町を掌握し、これを中心に常見名《つねみみょう》と呼ばれる国々に散在する名《みよう》を拡大し、荘園の集積も積極的に行なった。弥勒寺の元命と宇佐宮大宮司宇佐公則とその子孫らは、摂関家に接近し、その力を背景に二万町歩あまりといわれる膨大な荘園形成に邁進したのであるが、摂関家側には国家支配のイデオロギーとしての八幡護国思想を利用する意図があった。

白河上皇による院政が開始されると、摂関家と宇佐宮の蜜月に変化がおこる。白河上皇は、摂関家の八幡護国思想に楔を打つため、永保元年（一〇八一）摂関家の国家支配の拠点八幡宇佐宮の境内に、白河上皇の御願で新宝塔院が建立された。この事実は、摂関家の八幡護国思想の独占体制の切り崩しにほかならない。

危機感を持った摂関家は、宇佐宮領を明確に荘園として組織する方針を打ち出し、頼通の娘四条宮藤原寛子を本所とする宇佐宮荘園を作り上げる。四条家は摂関家の後冷泉天皇の皇后で、太皇太后《たいごうたいごう》として後三条・白河の摂関家への攻勢に対抗できる摂関家側の切り札として機能していた。四条宮は摂関家の忠実の時代まで生き、大治二年（一一二七）に長寿で他界した。その後、四条宮領は一旦四条宮の養子となっていた忠実に伝えられ、鳥羽院に入内《にゆうだい》した忠実の娘高陽院《かやのいん》泰子に伝えられた。院の宇佐宮への介入は、摂関家と宇佐宮との関係をより親密な関係する結果を招いた。

六、熊野信仰と豊前国

他方で院権力は独自の宗教政策を打ち出すが、それが熊野信仰であった。

白河院は寛治四年（一〇九〇）に熊野へ御幸し、紀州国内五カ所に一〇〇余町の田地を寄進した。以後、白河院十回、鳥羽院二十八回、後白河院が三十八度行幸したという。

平治の乱以後、後白河院は東山の法住寺殿《ほうじゆいんどの》に院の御所を移し、その鎮守として鳥部野に永暦元年（一一六〇）に熊野那智の御神体を勧請し、これが新熊野権現である。新熊野の検校職《けんぎようしき》は熊野社検校の経験者が任じられたが、やがて両職は兼帯職として新熊野社検校は熊野信仰の頂点となった。

養和元年（一一八一）、新熊野社に仏聖《ぶつしよう》灯油料として全国二十八カ所の荘園などが寄進された。その中に豊前彦山の名がみえる。彦山は元々、宇佐宮弥勒寺の支配する山岳寺院であったが、長寛元年（一一六三）年作成の長寛勘文《かんもん》に引用された『熊野権現垂迹縁起』に「鎮西日子之山」の名が記されており、十二世紀には熊野信仰の流入が認められる。

十二世紀を通じて院権力は、豊前国にも浸透していた。摂関家と院権力の最後の対立の分岐点が保元の乱で、崇徳《すとく》上皇・藤原忠実・頼長父子勢力と、後白河・藤原忠通である。宇佐宮の大宮司職を巡って藤原忠通派の宇佐公通《きんつね》と、忠実・頼長派の宇佐公経《きんつね》（公通の叔父）という両派の対立があった。宇佐宮と荘園はこの時期、忠実の娘高陽泰子を本家としており、摂関家の忠実・頼長と嫡子忠通の争いが宇佐宮のなかに持ち込まれる可能性を秘めていた。

七、宇佐弥勒寺領宇原庄の丈六仏

平安時代の逸話が『本朝世紀』長保元年（九九九）三月七日条に、「前年の九月晦日子菖野庄の前検校早部（日下部）信理の高来郷の私宅、賀田郷平井寺僧仁感の門前に雨米が降り、これを郡司良親や豊前国掾で平井寺の壇越不知山長松も見たといい、日下部信理は宇原庄で弥勒寺講師長裕に雨米のことを語っている」と記している。「雨米が降る」という不思議な物語を弥勒寺講師長裕に語っているので、すでに宇原庄が宇佐弥勒寺領の中核になっていたことがうかがえる。その宇原庄が京都郡の中核であったことを物語る物証「丈六仏」が現在に残る。

その丈六仏とは、高さ一丈六尺、またはその仏像で、経典によれば仏（釈迦）は身長が一丈六尺（五三五センチ）あったとされ、平安時代の大寺の本尊として、しばしば仏像をこの大きさで作った。坐像は原則として結跏趺坐を造り、その坐高八尺～九尺（二六四～二九七センチ）が基準とされる。

さて建久八年（一一九七）の『豊前国図田帳断簡』には豊前国京都郡の北郷にある宇佐弥勒寺領として「宇原庄十五丁」とみえ、ほぼ同じ頃成立したとみられる『石清水文書』弥勒寺に「宇原」とみえ、注記に「苅田名田、庄田十町」とある。時代は下るが、宇原庄には『京都郡寺院明細帳』には「創立年代不詳、往古天台宗にして、壇林寺《だんりんじ》と称す……寺号を西恩寺と改む、後北条時頼諸国行脚の節、此の地に来りて五輪の塔を

内尾山宝蔵院相円寺木造薬師如来像
（写真、苅田町教育委員会提供）

建立し、……応永年間大友大内戦争の際、兵火に罹る。……」とみえており、この地に壇林寺という寺があったことを指摘している。その壇林寺跡には大型の五輪塔が残っており、最大のものは地頭職クラスの鎌倉期のものである。その壇林寺跡から一キロ程はなれた山間部の鍾乳洞窟内の小さな薬師堂に豊前国唯一の典型的な丈六仏が安置されている。材質は桧または楠の寄せ木造りで、作風から十一世紀末~十二世紀前半代作と考えて大過ない。

おそらく、後代の大友氏と大内氏の戦いの最中に現在の地に移動されたものであろう。つまり、宇佐弥勒寺領の京都郡の中核を担っていたのが宇原庄で、そこには大寺があった。その寺院の本尊が丈六の薬師如来坐像と思われている。

八、平安時代の終焉と豊前国

平安時代末期、豊前国に勢力を振るったのは大蔵《おおくら》一族の板井《いたい》氏で、仲津郡の神楽城を拠点にしたという。この板井氏は豊前国衙軍の主力で田所・税所の職にあり、多くの所領を有していた。その板井種遠と婚姻関係を結んだのが宇佐公道《きんみち》である。

天喜二年（一〇五四）、宇佐宮の大宮司職となり、以降五代にわたって宇佐氏は大宮司職に任じられ、この間、府領による封戸・位田などの便補や府官などの寄進・売得により宮領を飛躍的に増大させる。『近衛家所領目録』建長五年十月二十一日には、さらに私領主権を確立させ、摂関家、後の近衛家を本所に仰いだ庄園領主として五州随一の権門となり、宗教的・権門的権威に合わせて軍事力を確保するに至った、と記されている。

さて、平氏と源氏との全国規模での対立と抗争は、西国での治承・寿永の乱を方向づけたのは宇佐大宮司と豊後大神の動向といっても過言でない。

寿永二年七月、木曾義仲に都を追われた平家は、八月二八日には大宰府に到着している。原田種直《たねなお》ら平家与党の大宰府官人は安徳天皇の行宮《あんぐう》をかまえて守護し、宇佐大宮司宇佐公通はこれを支援した。その公通は四九年にわたり七度大宮司に任命された人物である。

当時の宇佐宮は本家の近衛家が平家勢力に取込まれていたため、積極的にその平家に近寄った人物で、大宰府の大宰権少弐の地位を得て、安元二年（一一七六）に絹二万疋《びき》の成功《じょうごう》で対馬守、治承四年に一万五千疋で豊前守護に任じられた。これによって筑前・筑後・豊前・豊後の北部九州は平家与党に占められた。

北部九州の平家与党に対して、後白河法皇は西海道において反平家勢力の結集を画策した。その拠点となったのが、豊後国であった。保元の乱以後、豊後は摂関家の勢力が衰退し、院と深い関係にあった。永暦元年（一一六〇）、豊後守に任じられた藤原頼輔《よりすけ》は院方として活動した藤原伊通《これみち》や松殿基房《まつどのもとふさ》のもとで国務執行人となり三十三年にわたって豊後国務にたずさわった。

『平家物語』によれば、頼輔が平家を西海道から追い出すように子息頼教《よりつね》に命じ、これを頼教が院宣として緒方惟栄《これよし》ら豊後武士団に伝達したとあるが、頼輔が院宣をいつわったと書かれているが、それに院の意図があった蓋然性が高い。

緒方惟栄は院宣を受けて反平家の旗色を強める。平家方も平資盛《すけもり》に五〇〇騎をさずけ、緒方惟栄の説得に向かわせた。意に反して惟栄は子息野尻惟村《これむら》を大宰府に派遣し、平家の退去をせまった。平家はこれを拒絶し、緒方惟栄らは三万騎の兵を率いて大宰府を攻撃。『豊後国日田郡司職次第』によれば、攻撃は肥後から筑後を通り、三笠郡へ向かった臼杵惟隆《これたか》軍と日田から大宰府に入った日田（大蔵）永秀《ながひで》軍からなり、緒方惟栄が陥落させたとある。

『平家物語』には、筑後竹野《たかの》本荘で平家軍と緒方軍が衝突し、惟栄軍が大宰府軍を陥落させたと記される。

安徳天皇を戴く平家方は水城《みずき》を出て北上して筥崎《はこざき》津に向かった。その後に遠賀郡の山鹿《やまが》城に入ったが、緒方軍の追撃の風聞が流布して海路豊前柳ヶ浦（宇佐郡柳ヶ浦？）に向かい、宇佐大宮司公通を頼ったが、内裏を造る経費が調達できず、再び海路讃岐の屋島に着いた。他方、緒方軍は元暦元年（一一八四）に西海道の平家拠点となった宇佐宮を攻撃して神殿に乱入して御験や御正体、神宝を奪う暴挙にでた。

一方、屋島に集結した平家は、源義経の急襲によって海上を九州方面へ敗走した。

文元元年（一一八五）年正月に陸路を長門・周防方面に進出した源範頼《のりより》軍は、平氏軍を攻めあぐね、平家軍の補給の拠点となっている大宰府・豊前を攻撃するため渡海を決意する。この際に船八十二艘を提供したのが緒方惟栄・臼杵惟隆・佐賀惟憲の兄弟である。

臼杵氏や佐賀氏の拠点である臼杵や佐賀関は、後の大友水軍の拠点であり、彼らは豊後水道で活動する海《あ》部《べ》の海人《あめ》を掌握していたとみられる。つまり、緒方一族は、騎馬軍団のみならず海賊衆も組織していたのである。

二月一日、上陸が敢行され、九州の支援も分断された平家は、三月十四日に長門壇ノ浦に追いつめられて義経軍によって殲滅させられた。

これに対して、後白河法皇は二月二日、豊後住人に下記のような院庁下文をだしている。

「当国の軍兵等、堅く王法を守り凶醜《きょうしゅう》に与《くみ》せず、ついに数船を艤《ぎ》して官軍を迎え取り、九国の輩《ともがら》を服属せしむる由、その聞えあり、殊《こと》に以て叡感《えいかん》あり、いよいよ鋭兵《せんぺい》を増やし、かの凶徒を打滅せしむるべきなり、その論功に随《したが》い、請いによって賞賜《しょうし》あるべきなり、当国大名等よろしく承知し違越《いえつ》せしむることなかるべし云々」

豊後の兵の動向はこの乱の幕引きに重要な役割をはたした。乱終息後、緒方一族の宇佐宮乱入は問題となったが、文治元年（一一八五）十月十六日に、平家追討の論功にかんがみて非常の恩赦を得る。

しかし、後白河法皇と源頼朝の共通の敵であった平家が消滅すると、両者の対立が鮮明となる。法皇は義経を取込み、鎌倉幕府にゆさぶりをかけ、関東に一線を画していた平泉や豊後の武士団を院側の軍事勢力に取込もうと画策した。

義経は都を落ちる際、豊後武士に先導をさせ豊後に落ちる計画を立てたが、一行は摂津大物浜《だいもつはま》で難破して、落ち行く先を奥州平泉に変更することになる。これに対して源頼朝は、義経・行家《ゆきいえ》の探索を口実に国々の守護・地頭の設置を認めさせ、文治元年十月に義経・行家に加担する公卿の追方と議奏《ぎそう》公卿の採用を院に申請し、義経・行家派の公卿の知行国十カ国を頼朝派の公卿にあたえるように要求した。

この中に院＝義経派の藤原頼輔の知行国豊後もいれられ、豊後は頼朝自身の知行国としたのである。緒方惟栄らの豊後武士団も、表むきは義経加担の罪ではなく、宇佐宮への乱入の罪がむし返され流罪となった。

鎌倉期から戦国時代の豊前国支配

一、豊前国支配と鎌倉幕府の統治

『吾妻鏡』によれば、豊前国の板井種遠・宇佐大宮司公通以下の国内有力武士は平家与党であったので板井氏の所領を没収し、東国御家人宇都宮信房《のぶふさ》に豊前国府近辺の城井《きい》郷・伝法寺《でんぽうじ》庄と国衙の税所職・田所職を与えた。ほかに田河郡柿原《かきばる》名があり、この地は小規模だが重視され中世末まで宇都宮氏が支配した。

源頼朝は宇佐宮に対しても厳しい態度で臨んだが、源氏の尊崇する八幡宮の総本宮であるから、公通と子息公房は社殿造営を自力にて行なうことで許された。文治三年（一一八七）宇佐宮の神官・供僧も所領を安堵され、なかには御家人に列する者もいた。

鎌倉幕府は豊前国最大の領主の一つである宇佐弥勒寺に対しいったんは圧力を加え、後に天野遠景《とおかげ》や豊前守護武藤資頼《むとうすけより》に造営などの協力させている。

平氏滅亡後の九州は不穏な状況で平家残党の根強い抵抗もあって、文治元年に源範頼が召喚され、武断派天野遠景が鎮西奉行として大宰府へ下向した。遠景は大宰府の府官・鎮西守護人として御家人層の上に君臨し、同年の勅許で鎮西九カ国に設置された国地頭などによって支配を強めた。

『吾妻鏡』に、その支配下の薩摩国貴海島（鬼界島）に残る平家残党（義経与党）の追討計画も立てられ、同三年九月に遠景を補佐するため宇都宮信房は豊前の所領に下向し、翌年に彼の活躍によって平定に成功した。この戦いに九州の御家人は非協力的で、「源頼朝下文写」に伊方《いかた》庄地頭貞種は貴海渡島を拒み、奥州征討にも参加もしなかったため、所領を没収された。遠景への反発もあったが、必ずしも多くの在地武士が御家人化を望まず、鎌倉幕府に臣従していなかった典型であろう。

　九州の寺社勢力への強圧的支配を行なった遠景は、彼らの非難を受け建久六年（一一九五）頃に解任される。代わって中原親能が鎮西奉行となり、その猶子大友能直も豊後守護となり、鎮西東方奉行を継承した。なお親能や能直は宇佐宮や彦山などの社寺勢力に対し、保護や寄進の働きかけを行なったという（「彦山三所権現御正体銘」英彦山神社蔵など）。

　武藤資頼は豊前守護に任じられ、安貞二年（一二二八）に死去するまで在任していたとみられる。資頼は遠景以後の大宰府支配を行ない、在庁職の執行となって府官層を組織し、後に大宰少弐に任じられ、豊前守護は資頼→資能→経資となり、経資がモンゴル襲来の文永十一年（一二七四）まで継承するが、その後は北条氏一門金沢氏に移った。

　平氏滅亡後、豊前国中央部に宇都宮信房や、その弟の重房（野仲氏）・政房（山田氏）といった有力庶流が地頭職を得て入部する。豊前北部の規矩《きく》郡は筑前北部の遠賀《おんが》・鞍手《くらて》両郡とともに平家の拠点であったため、源頼朝は没官後に自らの所領に編入したと推測される。

　企救半島全域は門司六ヶ郷を中心とした「門司関領田」が分布し、港津と関という交通の要地を経済的に支えた。規矩郡は門司から通じる大宰大路に小倉津を抱え、『梁塵秘抄』にみえる霊験所として都人にも知られた「企救の御堂」が存在した。初め豊前国田河郡に所属したという堺《さかい》郷は頼朝側近の一品房昌寛の支配下にあり、筑前国山鹿庄には彼の養子にあたる宇都宮一族（のちの麻生氏）が入る。頼朝の死去後、規矩郡は北条政子の所領となったとみられる。

　鎌倉時代初頭は『豊前国図田帳断簡写』によると六割以上を社寺領が占め、大半は宇佐宮弥勒寺領で残りは、奈良興福寺、筑前国大宰府安楽寺、同国住吉社、香春社、彦山などであった。約二六％に及ぶ権門領としては近衛家領の伊方庄と伊賀利庄、九条家領の弓削田《ゆげた》庄、壬生《みぶ》家領金田《かなだ》庄が知られる。残る半数の庄園名と領主は不明だが、天雨田《あもうだ》庄などが含まれると考えられる。約一割を占める公領も不明だが、吉田保や城井浦などがそれにあてられよう。

文永九年（一二七二）、幕府は諸国に公領の田畑を記した土地台帳である「大田文《おおたぶみ》」の調進を命じた。豊前国では全域は残らないが、同年十月九日に門司関六ヶ郷の大田文が調進された。

『吾妻鏡』には、元暦二年（一一八五）五月八日、源頼朝は和田義盛に西国御家人の交名を注進するよう命じた。文治三年（一一八七）二月二十日には宇佐宮神官以下が所領安堵を受け、豊前国の武士も新しく御家人化し幕府支配が進行した。この時の交名は肥前国を除き残存しないが、豊前国では大蔵一族のうち没落した板井氏を除く久保・別府・副田などの各氏が早くに御家人となった。豊前国の在地に出自が確認される地頭・御家人は、鎌倉時代末期までに三十氏強に上る。

また他国から豊前国に所領を得た者、入部土着した者あげるとさらに十氏余が確認できる。

国御家人として代表的な例として規矩郡の長野・朽網・曾根、田河郡の上野・伊賀利・伊田・金田・桑原・副田・弓削田、京都郡の久保・鋤崎《すきさき》・都《みやこ》、仲津郡の天雨田・高瀬、築城郡の日奈古《ひなこ》・別府、上毛郡の成恒（末久）、下毛郡・宇佐郡の安心院・萱津・津房・高並らの各氏が知られる。

東国からの西遷御家人（下り衆）は宇都宮氏とその庶流の野仲・山田・成恒・深水・西郷・如法寺の各氏で、仲津・築城・上毛・下毛の各郡に分布した。守護武藤氏（少弐氏）の庶流吉田氏は規矩郡に本拠地を置いた。白桑・陶山・野本・久下の諸氏は本拠や本国は不明だが、陶山氏は備前・備中、野本・久下両氏は武蔵国の御家人に連なると考えられ、野本氏の場合は肥前国高木西郷の惣地頭野本氏との関連も推測される。赤《あか》庄地頭因幡氏や天雨田庄地頭本間氏も東国武士と推測され、遠江国に出自をもつ相良氏や下総国の千葉氏も豊前に所領を有していた。得宗被官安東氏、門司関の下総氏も東国出自の武士である。

二、承久の乱とモンゴル襲来とその後

承久三年（一二二一）五月、大宰府にも北条義時追討の官宣旨が下ったが、少弐氏を守護とする豊前国の領主層がいかなる対応したのかは不明である。『元亨釈書』によると、宇都宮信房は建保六年（一二一八）、俊芿に仙遊寺を寄進して在京、後に同寺は泉涌寺《せんにゅじ》と改

められた。宗像大社所蔵の『関東下知状案』によると、筑前国宗像社領の宮田などの地頭職が信房に安堵されており、信房及びその一族は幕府方として活躍したことが容易に推察される。宇都宮氏のそれに比して、「大神今永系図」には宇佐宮が後鳥羽上皇方に関わりを持ったことが、旧大宮司家の大神宮明は後鳥羽院より大宮司職補任の官符を与えられたが、乱の勃発で下向できず無効になったという伝承も信憑性がある。

モンゴル襲来には「城井一類」とよばれた宇都宮通房（「蒙古襲来絵詞」にも描かれる）をはじめとする庶民や国内武士が多く参戦した。文永の役後、建治元年（一二七五）宇佐宮に対して到津《いとうづ》庄・勾金《まがりかね》庄地頭職が寄進されており、伊勢神宮への桑名神戸の寄進とともに神社への最も早い恩賞・奉賽として知られる。

年代は不明であるが、田河郡の中元寺、仲津郡の天雨田、京都郡の諸氏にも「異賊合戦之恩賞」を肥前神埼庄内で分配されているから（正和三年十二月六日「鎮西下知状」「本間文書」『鎌倉遺文』二三二など）、豊前国御家人の広範な動員があったことを明示している。

「深江文書」の「少弐経資石築地役催促状」にみえるように、文永の役後の建治二年三月には、再度の来襲に備えて博多湾に石築地（元寇防塁）を建設した。この建設役負担を要害石築地役といい、弘安の役にはモンゴル軍上陸を阻み、効力を発揮した。後、九州各国の御家人や非御家人まで田地一反につき一寸の割合いで所領規模に応じて工費と費用を負担した。

上毛郡の御家人山田太郎右衛門入道は割当分八尺分（八町の田地）のうち六尺分の八〇〇文を納めた（正安二年閏七月十二日「もりさね石築地用途請取状案」「末広文書」『鎌倉遺文』二一七）。豊前国の分担地は青木横浜（福岡市西区）の三キロ余りの地点で、異国警固番役という海岸警備も割当られ、豊前国は夏三カ月を勤仕した（文久十二年二月日「異国警固結番注文案」「比志島文書」『鎌倉遺文』一五など）。この警固と石築地修復は弘安の役後も長く続けられ、南北朝時代中ごろまで続き武士の経済的負担となった。

モンゴル襲来の恩賞配分は、幕府の戦後処理として重要課題であった。弘安八年（一二八五）、鎌倉で起こった霜月騒動と連動した筑前国那珂東郷の岩門《いわど》合戦の後、安達盛宗（泰盛の子）・少弐景資に組みした豊前国御家人は敗戦のため没落、所領没収という憂目にあった。最も多くの所領を失ったのは景資被官の宇佐郡の高並一族を始め、田河郡の金田時通も所領を没収された。金田氏は金田庄金田村の地頭で、上毛郡や筑前国内にも領地があり、岩門合戦の中心地岩門郷も時通の所領であった。

合戦後、これらは宇都宮通房以下の鎮西御家人に分配された。その後、通房は筑前守護（永仁三年〜正和三年頃）、肥後守護代（守護は得宗北条貞時）となり、少弐経資とともに宇佐宮造営奉行人にも任命され、徳治二年（一三〇七）の仮殿遷宮以前に没した。

通房は、それ以前に香春神社造営に税所職・田所職として関係している。また、正応三年（一二九〇）宇佐郡佐田庄地頭に補任された。これは霜月騒動で滅んだ武蔵国の足立遠氏の跡を継承するもので（同年十月四日「関東下知状」「佐田文書」『鎌倉遺文』）、幕府が宇佐宮膝下に打込んだ楔であった。

同じころ、御沓《みくつ》村も北条得宗領となり、門司関六ヶ郷には得宗被官下総氏（中原氏）が入り、同じ得宗被官安東氏も京都郡の天雨田庄公文職を買得して土着する。田河郡の糸田庄・上野村、仲津郡の平島村・得永・長江《ながえ》も得宗領に編入されたとみられる。

文永十一年以降再度のモンゴル襲来に備えてか、豊前守護職は北条一門金沢氏に移っていく。モンゴル襲来後に出された永仁の徳政令（一二九七年）や度々の宇佐宮神領興行のための公家・武家の徳政によって、豊前の在地社会は大きく変動する。

高並一族の所領回復運動、都氏・鋤崎氏の惣領・庶子の所領争い、赤庄地頭と在地領主天雨田氏の対立、曾根氏の弥勒寺領金国《かなくに》保への侵略、副田氏の宇佐宮領濫妨などは全国的な在地動向と同じである。鎮西探題はこれらの相論に裁許を下し、多くの国内御家人が使節として動員された。しかし、全てが解決をみず、その後の動乱の時代に係争が受け継がれる。

鎌倉幕府滅亡と時を同じくして、元弘三年（一三三三）五月二十五日に鎮西探題も滅亡した。『歴代鎮西志』によれば、探題北条（赤橋）英時の猶子で肥後守護の規矩高政とその弟（甥か）で豊前守護の糸田貞義は、北条被官の多い筑前遠賀郡・豊前規矩郡に逃れ雌伏したが、翌年正月、建武政権に反旗を翻した。

高政は得宗被官山鹿氏の本拠葦屋《あしや》に逃れ、豊前国境に近い筑前帆柱山《ほばしらやま》城で挙兵。反乱は少弐氏・大友氏を中心とした軍勢と数カ月に及ぶ攻防戦となり、高政の下には規矩郡の長野・門司両氏をはじめ草美（朽網）・吉田・曾根の各氏や下毛郡の萱津氏、筑前の山鹿氏以下の武士が加わっている。

同年七月門司・長野両氏の離反によって帆柱山城は陥落、高政は所領の規矩郡蒲生《がもう》城へ逃れたが、まもなく落城し戦死したと伝える。貞義も大友氏の包囲のなかで討死し、北条氏の再興はついえた。上洛中の豊前国御家人、とくに宇都宮氏も下向しているので、この鎮圧に参加したとみられる。

建武二年（一三三五）七月、関東で中先代の乱が起こると新政は早くも破綻する。足利尊氏は後醍醐天皇の許しを得ることもなく関東へ下向、北条時行を破るとやがて新政権から離反し、南北朝の幕開けとなる。

尊氏は翌年一月に京都で新田義貞に敗れ、二月末には筑前葦屋へ着いた。三月初め、多々良浜で宮方の菊池武敏らの軍勢を敗走させ、大宰府へ入った。菊池勢は二月末に尊氏方の少弐貞経を有智山城で敗死させたが、この合戦には少弐方として豊前吉田氏の庶流も加わっており、一族はここで滅びた（「沖津郡稲童名相伝系図」和布刈神社蔵）。

『梅松論』によれば、宇都宮一族は尊氏軍として戦い、やがて尊氏の上洛には長野助豊ら豊前国内の武士とともに加わっている。宇都宮冬綱（高房・守綱）は建武政権下で筑後守護に任じられ、続いて武家方でも守護職を継承し、文和三年（一三五四）頃にはわずかの間だが、豊前守護職も得たという。

三、守護の変遷と南北朝の内乱

豊前国の守護は建武政権下で少弐頼尚が任じられ、頼尚は早くから足利尊氏に従ったことで、武家方でも守護職を継承した。建武三年四月以降、国内の所領給付や相論時の遵行、軍忠状に評判を加えるなど、守護の職責を果たし、貞和四年（一三四八）五月ないし観応元年（一三五〇）九月頃までは在職が確認される。

貞和五年九月、尊氏に追われた足利直冬が九州へ下向すると、多くの武士が彼の陣営に加わり、豊前では直冬方に入った新田・如法寺・土岐などの国人が、武家方の宇都宮一族や成恒氏・萱津氏と戦っている。この頃、鎮西管内領一色範氏（道猷）との対立から、少弐頼尚は直冬与党となって守護を罷免され、観応二年に足利尊氏と足利直義との和睦で守護職は一時的に回復したとみられる。豊前守護職は同年五月以降、大友氏泰から氏時に譲られ、幕府から安堵された。しかし氏時の守護としての事蹟は少なく、文和三年五月二十日に規矩郡朽網《くさみ》村の一部を出羽宗房に預け置いたのみである。同年十二月二十日には足利義詮が京都郡苅田庄地頭職を田原氏に宛行い、その遵行を宇都宮守綱（冬綱）に命じるが、これについて守綱が守護の職責を果たしたとする説と、京都郡分郡守護の立場にあったとする説がある。のち守綱は征西府に帰順しているので、守護的役割を果たしたのは貞治元年（一三六二）頃までである。

南北朝期の九州は他地域に比して南朝方（宮方）の勢力が大いに伸張した。興国三年（一三四二）五月、征西将軍宮懐良親王は薩摩に着岸、肥後菊池氏のもとに迎えられ、鎮西管領一色範氏の抗争を続けた。

のち直冬の下向もあり、宮方・武家方・佐殿（直冬）方に鼎立され九州の動乱は激化したが、正平十年（一三五五）に鎮西管領一色道猷が九州を去り、同十四年には筑後大保原合戦で勝利した懐良親王が大宰府に征西府を移した。豊前では田河郡が抗争の場となることが多かったが、これは筑前から豊前に入る交通の要衝を占めていたことによる。香春岳城に籠った少弐冬資は、正平二十二年に宮方の菊池武光と戦っている。馬ヶ岳城・障子ヶ岳城・岩石城も南北朝期に築かれたと伝える。

豊前中央部を勢力下に収めていた征西府は、京都郡今川河口付近の津隈・大野井庄を御料所としていたらしく、これに対して天雨田庄は鎮西管領御料所に充てられ、一色範氏の支配下にあって安東氏が公文職として在職した。豊前では鎮西管領斯波氏経が九州に下向したことから、これに対する菊池武光方との抗争が続いていたが、正平十七年八日七日の「中ふせん《（豊前）》の合戦」（田河・京都・仲津の三郡をさすか）では菊池武光が大敗し、以後の豊前は「大略御方」になったという。

貞治二年春、幕府方に下った周防の大内弘世が豊前に入り、門司氏を助けて南朝方と戦った。当時衰退していたとはいえ南朝勢力はなお存続し、応安三年（一三七〇）、幕府は今川貞世（了俊）を九州探題に任命し、これに対応した。

了俊は同四年に九州へ下り、翌年二月に筑前麻生山を攻め、さらに西下して大宰府に入った。征西府は筑後国に後退して筑後川を挟んで対峙するなか、同七年に宇都宮冬綱は宮方に転じ、城井高畑城（神楽城）で挙兵した。いったんは幕府方に帰属した豊前宮方の蜂起は今川方に脅威を与え、了俊は弟の氏兼を派遣して攻撃した。宇都宮氏は本拠地城井で九カ月に及ぶ籠城戦で抵抗したが、敗れて多くの所領を失った。門司氏以下の豊前の諸士や国人が攻め手に加わったが、彦山座主や豊後六郷山は宇都宮氏に味方したという。

豊前守護は応安七年十一月頃に今川了俊が兼帯するが、康暦二年（一三八〇）以降は豊前に進出した大内義弘が、応永の乱で敗死するまで守護の地位にあった。

四、鎮西宇都宮一族の職歴

元暦二年（一一八五）、東国御家人宇都宮信房は豊前国府近くの城井郷・伝法寺庄と国府の税所職・田所職を幕府から与えられた。ちなみに、信房の弟重房（野仲氏）・政房（山田氏）が地頭職を得て入部しており、その他の庶流が成恒・深水・西郷・如法寺の各氏で、仲津・築城・上毛・下毛の各郡に分布した。

文治三年（一一八七）九月、鎮西奉行の武断派天野遠景を補任するため豊前の所領に下向し、翌年には彼の活躍によって平家残党を平定した。信房は承久の乱で幕府方として活躍したと推測され、筑前宗像領の地頭職も安堵されている。モンゴル襲来の際には宇都宮通房をはじめとする庶家や豊前国内の武士が参戦した。

鎌倉で勃発した霜月騒動と連動した筑前岩門合戦では少弐景資らの豊前御家人は敗戦・没落し、その所領は宇都宮通房以下の鎮西御家人に配分された。その後、通房は筑後守護（永仁三年〜正和三年頃）、肥後守護得宗北条貞時の守護代となり、香春神社造営で税所職・田所職として関係し、宇佐宮造営奉行にも任命され、徳治二年（一三〇七）の仮殿遷宮以前に没した。

規矩高政の反乱では豊前の御家人宇都宮氏も、この鎮圧に参加したとみられる。

建武三年（一三三六）では足利尊氏軍として戦い、

尊氏上洛後、宇都宮冬綱（高房・守綱）は建武政権下で筑後守護に任じられ、続いて武家家方でも守護職を継承し、文和三年（一三五四）頃のわずかの間に豊前守護職も得たという。

建武政権下で豊前守護職は少弐頼尚に任じられ、貞和五年（一三五四）尊氏に追われた足利直冬が観応二年に和睦して、後に宇都宮守綱が豊前守護職的役割を果たしたのは貞治元年（一三二六）頃までである。ここまでが宇都宮一族の全盛期で、以後は凋落から滅亡の一途をたどる。

幕府は今川了俊を九州探題に命じ、応安四年（一三七一）に九州に下向し、これと戦った宇都宮冬綱は本拠地の城井で九カ月籠城して戦ったが、敗れて多くの所領を失った。

天正十三年（一五八五）から翌年にかけて北上した島津氏は、宇都宮鎮房ら豊前北部の国人らが従うことになる。天正十五年、豊臣秀吉の九州平定後、黒田孝高に豊前六郡が与えられ中津に入部。直ちに中津城築造と検地を開始した。これに抵抗する宇都宮鎮房らは城井に籠城するが、黒田氏の陰謀で滅亡した。

五、大内氏の豊前進出と滅亡

戦国大名大内氏は南北朝期より豊前守護職を保有したので、支配機構は組織化していた。十四世紀末には守護代が置かれ、やがてその支配下に郡代を置き各郡の実務を担当させた。さらに大内政弘の頃、土地面積に応じて臨時の租税を取立てる段銭奉行なども現れる。

豊前守護代は代々大内譜代の家臣杉氏の世襲で、普段は山口に在住した。京都郡松山城や宇佐郡妙見岳城には城代が置かれ大内氏の支配体制の中心であった。

郡代には野仲・城井・広津（築上郡）・橋津・佐田（宇佐郡）など、段銭奉行にも伊川・貫（規矩郡）、副田・伊田（田河郡）、山田・広津・城井（築上郡）・如法寺（上毛郡）、野中（下毛郡）など、いずれも豊前国内の有力国人層から任命された。彼らは大内氏が豊前守護になってから、新しく主従関係を結んだ。

大内氏は守護代には譜代家臣を、在地支配には土着の有力者を起用する方式を採って豊前支配を行なった。大内氏の被官となった有力国人の多くは山口に屋敷を構え、子息などが生活する家臣統制を受けた。

大内義隆は後奈良天皇即位の費用を献じた功で宿願

の大宰大弐に補任され、「大府宣」を発給して各地の寺社・武士たちに所領安堵・相続承認を行なった。少弐氏・大内氏・毛利氏・大友氏らの抗争の中で、多くの国人衆は自らの所領の保証を求め、守護大名・戦国大名に対する服従・離反を繰り返した。

豊前の国人長野氏の場合、応永の乱に際して大内氏の攻撃に参加したが、乱後は豊前守護大内盛見に降伏し、旧領を安堵されて大内氏の被官となる。応仁・文明の乱の頃には大友方となり、文明十年以降は大内義興・義隆に降伏したが、天文二十年に大内義隆が自害すると、豊前に侵攻してきた大友義鎮（宗麟）に属した。永禄五年には義鎮に従って毛利軍と門司ヶ浦に戦う。しかし、同八年には大友氏によって長野城攻めが行なわれ、同十一年には毛利方の小早川隆景・吉川元春らが長野氏の長野城・三岳《みつたけ》城や普智山山伏の等覚寺《とうかくじ》城を攻略した。そのため長野氏は豊後に逃れて大友氏の庇護を受け、戦国末期には馬ヶ岳城に入っている。

元来世俗社会と無縁な山岳修験霊山の山伏らも、世俗権力に従うことを余儀なくされた。

応永の乱で大内義弘が戦死すると、幕府は豊前守護を少弐貞頼に、周防と長門に守護職を義弘の弟弘茂に与えた。

しかし、義弘の留守を預かっていた弟大内盛見は少弐氏と対抗する宇都宮氏らの国人層や豊後大友氏の支援を受け、応永七年（一四〇〇）門司親常の門司城を拠点に幕府へ抵抗。同八年十二月に長門へ上陸して弘茂を破り、翌年一月に周防山口に入った。

一方、九州探題は今川了俊に代わり渋川氏が以後世襲するが、了俊ほどの政治力がなかったので、少弐・大友・菊池各氏ら勢力は公然と反抗した。九州支配に不安を抱いた将軍足利義教は大内盛見に豊前守護職を与え、さらに筑前国の御料所を預けて優遇し、探題渋川満直に後見を依頼した。

赤間関と門司関を握る大内氏にとって貿易の拠点博多を支配下に握ることが念願で、盛見は家臣の陶氏を博多に駐在させ、対朝鮮・対明貿易の独占をろうとした。これに対し少弐氏・大友氏が激しく抵抗し、しばしば戦闘を繰返す（『満済准右日記』永享元年十月二十五日条）。

永享三年（一四三一）四月に豊前で土一揆が起こり、

鎮圧のため大内盛見は領国に下向した。その後、盛見は筑前へ進出したが、同年七月に怡土郡の萩原で敗れて自刃し、大友持直が豊前に侵入した。将軍義教は豊前守護職を盛見の甥持世へ安堵したようで、持世は幕府の支援を受けて豊前に進出。しかし同四年二月、惣領持世に不満をもつ弟持盛が家督を争い、持盛は大友持直の支援を受け豊前・長門・周防を掌握した。

永享五年（一四三三）に幕府は大友持直・少弐満貞らの討伐命令を大内持世に下し、持直の援助を受ける持盛を規矩郡篠崎で攻め殺している。その後大内氏の家督は盛見の子息教弘・政弘と受継がれる。

大内盛見の後を継いだ教弘は筑前・筑後を押さえ、豊前にも被官の有力国人をそれぞれ配置し、京都郡松山城には杉興信を置いたと伝える。応仁元年（一四六七）、細川勝元（東軍）と争っていた（応仁の乱）山名宗全（西軍）の要請に応じた大内政弘は、豊前の門司氏・貫氏ら国人を率いて東上し西軍に与同する。文明元年（一四六九）東軍の少弐氏に同意した大友親繁が豊前に進出、一方で政弘の叔父教幸が政弘に反旗を翻して陶弘護と戦い、のちに馬ヶ岳で敗れるなど、豊前国内でも合戦が繰返された。

大内政弘は同九年十月三日に豊前・筑前・周防・長門の四カ国守護職を安堵された。翌十年八月に少弐政資らを攻めるため豊前に渡海し、一カ月足らずで豊前・筑前を平定して博多も手中に収めた。

『正任記』によれば、城井・山田・仲八屋・仲間・池永をはじめとする豊前南部の国人や彦山・宇佐宮や豊前国分寺などの寺社が、戦勝した政弘のもとに見参している。明応六年（一四九七）政弘の後を継いだ義興は大軍を率いて九州に進出し、豊前・筑前両国を制圧していった。一方、大友親治は同八年に宇佐郡の妙見岳城を降伏させ、豊前南部を掌握する。

同十年に大内氏は反撃を開始、文亀元年（一五〇一）七月の馬ヶ岳城の合戦で大友軍を退散させている。

天文二〇年（一五五一年）九月、大内義隆は家臣陶隆房（晴賢）に攻められ自害。隆房は大友義鎮（宗麟）の弟晴英（義長）を大内家の当主として迎えたが、弘治元年（一五五五）に安芸厳島合戦で毛利元就と戦って敗死し、同三年に大内義長も自害した。これを契機に大友義鎮は北上して豊前に侵攻し、次いで博多も手中に収めた。義鎮は永禄二年（一五五九）までに豊前・筑前・肥前を加えて六カ国の守護に任命されたといわれ、さらに九州探題となった。

他方で中国地方を平定した毛利元就が永禄二年秋に関門海峡を渡って門司城を攻め、同年には香春岳城で反大友の合戦があった。同四年には毛利方が豊前に侵入したので、大友義鎮は松山城まで出陣し、門司城周辺で激戦が展開されたという。

形勢容易ならずとみた義鎮は、一族の一万田家から高橋氏を継がせた高橋鑑種を筑前の宝満・岩屋両城に配置し、北九州支配の軍事指揮と地方行政を担当させた。しかし永禄十年に鑑種は毛利氏と通じて義鎮に反逆し、同十二年になると豊前北部を押さえた毛利軍が筑前に侵攻し、立花城および宝満・岩屋両城をめぐり博多、香椎周辺で総力戦を展開した。同年十月に入ると中国情勢が緊張したため毛利軍は大友氏と和睦して撤退し、孤立無援となった高橋鑑種は大友氏に降伏して筑前を追われ、毛利氏の支配下にあった小倉城に入った。

天正六年（一五七八）の日向国の耳川合戦で島津氏に大敗した大友氏はしだいに勢力が弱まり、各地の有力国人が反大友の動きをみせる。やがて秋月種実の勢力が田河郡に強く及び、彦山座主舜有も種実と結んだ。そのため、大友氏は同九年に彦山を焼打ちにした。

同十三年から翌年にかけて北上した島津氏は筑後に入って秋月と結び、九州平定を急いで総力戦を繰り広げた。秋月氏が島津氏の幕下に入ったことから、宇都宮鎮房・高橋元種（秋月種実の弟、あるいは子息）ら規矩・田河・築城の豊前北部の国人は島津氏に従うことになる。

六、豊前国近世へ

天正十四年（一五八六）十月一日、豊臣秀吉は九州を平定する勢いの島津氏を攻撃するための先陣として吉川元春・小早川隆景軍を九州に派遣した。

同月三日には毛利輝元と検使役の黒田孝高も加わって、田河郡香春岳城城主高橋元種の端城小倉城を攻略し、次いで十一月には築城郡の賀来氏の居城宇留津から、京都郡の障子ヶ岳を経て香春岳城を攻めた。関門海峡と北部九州を手中にした秀吉は翌十五年三月一日に大坂を出発して同月二十八日には小倉に上陸し、馬ヶ岳城から秋月種実配下の岩石城、筑前尾熊城、そして筑後の古処山城を攻略し、肥後国南関・隈本を経て薩摩国へ向かった。他方で毛利・黒田両軍や宇喜田秀家らを加えた十五万の豊臣秀長軍は豊後から日向路を南下した。双方から島津勢を攻め、秀吉が島津義久・義弘兄弟を降伏させ、筑前国箱崎に凱旋したのは六月七日である。

秀吉はさっそく大名の配置に取りかかり、七月三日に豊前国の企救・田河両郡を近臣の毛利勝信（森吉成）に与え、京都・仲津・築城・上毛・下毛・宇佐の六郡は黒田孝高に与えた。この時、豊前の土豪時枝鎮継に一千石の領地を与えて黒田氏の与力とした。毛利氏の領地高は六万石、黒田氏領が十二万石。毛利勝信は秀吉の使者として前線に派遣され、後に代官的性格を帯びて小倉を本拠とした。弟の吉雄（吉勝）に岩石城、重臣の毛利九左衛門時定には香春岳城を預け、さらに次男の吉通（吉近）を修験道場彦山の座主に就けようとしたが、徳川家康の反対もあって果たせなかった（『塵壺集』）。

慶長五年（一六〇〇）の関ヶ原合戦で豊臣方に組みした毛利勝信は領地を没収され、身柄は土佐の山内一豊に預けられた。一方の徳川に組みした黒田氏は、その功績によって筑前国五十二万石の名島（後に福岡）に転封した。黒田・毛利両氏の跡には同年丹後の宮津から細川忠興が中津城へ入城し、豊前一国と豊後国国東郡と速見郡の一部を合わせて三十万石を領土とした。

忠興は当初、弟興元を小倉に入れたが、翌六年末出奔したため、同七年から大普請を行ない、秋には小倉を本拠とした。元和六年（一六二〇）忠興が中津城へ隠居すると、代わって三男の忠利が小倉城主となる。寛永九年（一六三二）に細川氏は肥後熊本に転封した後には、大坂夏の陣で戦死した小笠原秀政の諸子が播磨国明石から分封された。小笠原忠政（のち忠真）が小倉藩の企救・田河・京都・仲津・築上・上毛六郡で十五万石を領し、中津城には甥の長次に八万石、重直に龍王藩の三万七千石、忠知に豊後杵築藩四万石が与えられた。なお、小笠原忠政と細川忠利は義兄弟の関係にあり、小笠原譜代大名として九州の御目付の役

割を負っていたという。（近世以後は略）

七、豊前国の風儀

古代〜近世までの豊前国の人々の思考は神道・仏教・道教が重層化したもので、いかにも怪しげな文化となって表層化していた。その典型が、宇佐八幡の神託と称されるものであった。宇佐八幡神に後出したのが、修験道の霊山として知られる彦山山岳宗教文化といっても過言でない。その山岳修験道は、加持・祈禱を奥義として繁栄した。

つまり、古代〜近世までの豊前国は宗教の国といっても過言でない。ここでは、豊前国の風儀について記しておこう。かの下克上の世の中で名君として知られる武田信玄公も愛読したという『人国記』である。それには、

「豊前の風俗、譬えば馬の如し、馬にも名馬あり、曲馬《くせうま》あり、いろいろの毛品《けしな》あり。長《なが》高く、様子うるはしく、毛品よき馬の如し。然れども曲《くせ》これ有る時、用ひ難きものなり。然れば馬に比してこれを見れば、曲馬の如しと知るべし。また曲馬に走るあり、また曲馬あり、止《とど》まるあり、喰《くら》ふあり、踏《ふ》むあり、その曲無く中気《ちゅうき》なるあり。

さればこの国の風儀、何れの曲あると考ふるに、唯《ただ》中気の馬の如くにして、真実定まりたる意地なく、死《し》生《しょう》を論ずる場に至る時、人として死は重きと云ふ事、知らずと云ふこと無し。然れば止《や》む得ざる時は、忠の為に一命を捨て、孝の為に死を致し、義の為に命を失うこと常の習ひなるに、この国の風儀、忠孝の義理を忘れて、命を遁《のが》るるもの、千人に七、八百人かの如くなり。さばこの理を知らざるかと思ふに然には非ず。能く道を失う者なり。

誠に一旦の忿りの為に、命を挫く者これ有りと雖も、義に因って命を捨つるところの者鮮し。蓋しこの理に本づく人無くして、唯気質のまま執り行ふところのものなれば、不義・不理曲馬国とも謂ふべきか。また自然に勤むるところの人あるは、その気質の汚れを能く削る人なり。その志の厚き事、挙げて仰ぐべき所なり」

と記述される。やや辛口であるが、豊前国人の気質の大方を記している。諸氏も、一読されたい。

第二章　豊前国彦山の松会神事

英彦山表参道　撮影・佐野正幸

松会と修験道

一、彦山の概要

豊国に関わる山岳宗教の記述が二つの正史にみえる。『新撰姓氏録』には雄略天皇の病気の際に「筑紫豊国奇巫」を、『日本書紀』に用明天皇が病気の際に「豊国法師」を招いたとされる。

都の宮中に招かれた奇巫は呪術師のことで、法師が医術を体得した僧侶のことである。両者ともに、先端技術を保持していたものと思われ、『梁塵《りょうじん》秘《び》抄《しょう》』によると彦山は、すでに六世紀に開山していたと伝えられる。前記した二つの正史にみえる奇巫と法師は、彦山を修験の場としていたと思われる。以下、英彦山研究の第一人者である長野覺氏の論考に従って記しておこう。

確かな史料で宗教徒集団活動したことを物語る初見は『本朝世紀』に「長房者。……中略……兼㆓大宰大弐㆒。在任之間。嘉保元年。英山衆徒。有㆓訴訟事㆒。大以蜂起。云々」という平安時代後期（一〇九四）の記事である。

このことは、それ以前から彦山に山法師的な集団が存在していたことを物語る。英山の衆徒が強訴したり、前後の年に奈良興福寺の衆徒が春日神社の神木を奉じて都に押し入ったり（長久四年〈一〇四三〉）、比叡山延暦寺の僧兵が日吉社の神輿を奉じて入京するなど、悪僧が増加し、政治権力に介入した時代に相当する。

他方、修験道の聖地となった熊野詣でに異常なまでに熱心であった後白河法皇の撰による『梁塵秘抄』に「筑紫の霊検所は　大四王寺　清水　武蔵清滝　豊前国の企救の御堂　竈門の本山彦の山」と詠まれている。

当時から九州の霊山彦山は中央にも知られており、その霊験を媒介したのは衆徒や験者であった。この記述には豊前国企救御堂と、竈門《かまど》（宝満山）の本山は彦山がみえており、江戸時代初期に英山と宝満山が本山と末山の関係にあったことが、当時に成立していたことがうかがえる。

『平安遺文』の新熊野神社文書「後白河院庁文案」によると、養和元年（一一八一）、後白河法皇が京都に勧請した新熊野社に燈油料として二十八カ庄が寄進されているが、彦山はその一カ所となり、国役が免除されている。二十八庄の中では京から最遠の地であった彦山は不輸不入の根拠を得て、独自の展開をしていったことが容易に推察されよう。こうして、鎌倉時代初期に相当する建保元年（一二一三）当時の姿を伝える『英山流記』に英山庄園の四至が次のように明記されている。

東限　豊前国上毛郡雲山国　中津ノ河大井手口、
南限　屋形河壁野　豊後国日田郡屋崇　同大肥里、
西限　筑前国上座郡内把岐山　同西嶋郷并下座郡
内　円幸浦尻懸石　同国嘉麻郡八王子ノ道祖神、
北限　豊前国田河郡巌石寺　蔵持山法躰嶽。

この地域に四十九の石窟と、彦山霊仙寺を中核とする堂塔伽藍や二〇〇坊余りの禅庵があって、仏・神事が行なわれ一一〇人と二〇五人の先達がいたとある。この先達が諸国に彦山の霊験を宣布し、信者の登拝を勧請して先導して廻った験者であったろう。

その後、南北朝時代には宝珠に三鷹を配した「英山牛法院」を誓紙として用いたことの象徴的な史料が、建武三年（一三三六）の起請文として肥前国の「武雄文書」である。

英山の講衆や先達の集団が規模を発展させていくなか、南北朝時代のように政治的な混乱期になると、周辺の世俗権力者と接触する場合、前にもまして政治性を帯びたことがうかがえる。その背景には彦山の宗教徒集団を統一するには、いっそう強固な権威が必要とした。正慶二年（一三三三）、豊前国の豪族であった宇都宮信勝は、後伏見天皇の第六皇子と伝えられる助有法親王を初めて世襲・妻（信勝の六女）帯の彦山座主と推挙することに成功。その血脈は現在に至るまで、英彦山神宮々司家として続いているという。

室町時代になると、修験・衆徒（仏教派）・惣方（神道派）の組織が見事までに調和して、西海道最大の霊山として発展した。その事例として、文安二年（一四四五）の『彦山諸神役次第』によれば、前記した『彦山流記』に記載された二月十五日の「舎利会《しゃりえ》」は、暁の「涅槃会《ねはんえ》」となって衆徒が執行し、惣方が祈年祭として御田祭・柱松行事・神幸祭などを総合した〝松会〟

を担当している。これは「舎利変成而為米也」という理念に神事が習合したものと容易に推察されよう。さらに、修験によって孕《はら》みの祈祝である春峰、つまり「胎蔵界入峰」が当日から始まる。このように涅槃と誕生の因果を仏・神・修験のすべてに集合して数百人の山伏（衆徒・惣方・修験のすべてを山伏と呼んだ）が一団となって、天下泰平・五穀豊饒を祈るという彦山独自にして最大の行事に展開した。

この時期、九州諸国からの登拝者が群集して、彦山山伏と民衆の結び付きは、宿坊を経営する山伏と、それに宿泊する檀那や信者の師檀関係を強固に構築していった。それは明治の神仏分離まで続いており、今日まで細々と継承されている。

こうした、山伏集団の宗教活動を支えた財源はいったい何であったのであろうか。

前述した『彦山流記』にみえる「四至」の示す、俗にいう七里四方の領域は、ほとんど山地で、穀倉地帯ではない。しかし、九州諸国に広がる信仰圏からの布施がある。加えて、朝鮮側の史料である『海東諸国記』の豊前州の記述に「戊子年遣使来朝　書称　豊前州彦山座主黒川院藤原朝臣俊幸　以宗国請持待　大友殿管下居彦山有武才」とある。戊子年（一四六八）年の当時、対馬の宗氏を介して朝鮮半島との交易にも関与していたようである。

戦国時代に入ると彦山は豊前・豊後・筑前・筑後の四国に接する軍事・戦略上の位置であった。非常事態には、即戦可能な山伏集団の存在、他方で広く民衆の信仰を集めていることが、九州の戦国大名にとって無視できないものとなって、彦山と干戈《かんか》を交えている。そのことを傍証するのが、永録十一年（一五六八）の龍造寺隆信、天正九年（一五八一）の大友義統の配下による来攻で彦山が灰燼と化したのがその事例である。

やがて、群雄争乱の時代を経て九州を平定した豊臣秀吉に彦山七里四方も没収された。その直後、筑前国の領主となった小早川隆景・豊前国の領主の細川忠興から旧庄園の一部が寄進という形で復帰したが、それは、慶長年間までのことで、以後は豊前国田川郡の一隅に封じこまれてしまった。

近世初頭の戦乱による彦山炎上と庄園喪失という大打撃を受けた。それでも、長い伝統に培われてきた九州諸国の民衆に根強く浸透していた彦山信仰と、山伏らの自治組織は崩壊することはなかった。江戸幕府体制が定着すると、諸藩の領主も英彦山権現に五穀豊饒・天下泰平の祈禱の依頼をした。「彦山」を「英彦山」と記すようになったのは享保十四年（一七二九）に、霊元法皇の院宣によるものであり、英彦山信仰は山野に浸透していた。

しかし、明治初年の神仏分離と廃仏毀釈、そして修験道廃止令は英彦山信仰に止めを刺したといっても過言でない。山伏らは職業を失い、その多くが離散した。ことに、戦後からの英彦山信仰は急速に衰退し、昨今の英彦山は少子高齢化の荒波の中で風前の灯火となりつつある。

二、座主を頂点とした組織

豊前・筑前・豊後三国に散在する末山などを管領したのが「座主《ざす》」である。中世の組織は史料がないので、近世の元禄～文久三年（一八六三）までに維持された政治組織は次のようなものであった。

座主のもとには役二十坊からなる「役僧」があり、このうち十二坊が「曖坊《あつかいぼう》」と称して座主の血縁の坊が占めていた。曖坊の中でも政所坊と亀石坊は御一坊と呼ばれ、座主代を務めた。

役僧の中から二名の「執当《しっとう》」が選ばれた。執当は座主院内の世話役であった。次第に権力が強くなり、山内外の諸事に干渉して、座主に次ぐ役僧の最高位になっている。執当の元には役僧から選出され、座主が任命する四名からなる「四奉行（惣役・惣奉行・神役奉行）」が彦山の祭礼・内政・諸藩との外渉、末寺との接渉などに采配を振った。ことに、四奉行のうち一名は任期一年の「年番」となり、政治・宗教上の管轄権が結集する仕組みになっている。

他に任期は留年可能な二名の「作事奉行」が、寺社・祭具・坊などの増改築と管理に当たった。聖域と財源の確保を兼ねて山林の保護育成を担当する二名の「山奉行」や、彦山内の商人・職人・農民および諸国からの参拝者を取り締まる一名の「町奉行」などがある。これらの山伏を含めた役僧が、彦山の自治組織を指導する高級山伏であった。

作事奉行・山奉行・町奉行のもとには補佐役が置か

れ、その人選は、一般坊家から適任の山伏を選び（町別当のみは町人から）役僧が任命した。役僧とは別格に坊家の子弟を教育する「学頭坊」や、医療や施薬を行なった「典医」、座主の警固や山内における警察権を行使する役十名の世襲の「検使」が存在した。

三、一般諸坊と彦山の自治

一般諸坊は上霊《かみりょう》仙《ぜ》谷・五ツ谷・南谷・智室谷・玉屋谷・中谷・下谷・中尾谷・西谷・別所《べっしょ》谷の十谷に別れ、修験・衆徒・惣方の各派が混在していた。ただし、別所谷は経済的に下層山伏の多い惣方が集中的に居住していた。

各谷々には独自の講があって三派が分裂することなく、宗教的に共同体をなすように仕組まれていた。行政的には谷ごとに「組頭（上組）」に一、二名ほどの役僧が任命され、上意の下達の上情を任務とした。犯罪などについての連帯制は親戚一類中という五人組以前の形態がみられる。

商人・職人などの住む五十軒の町屋が寛文十一年（一六七一）に小倉藩主小笠原忠雄の建議で、坊家集落の中央部に新設され、現在に至るまでその地域を「町」と呼んで旅館や土産屋が集中している。農家は英彦山の入山口に当たる北坂本と南坂本に合計三十戸ほどがあった。山内での稲作は安政五年（一八五八）まで禁制であったから、畑作主体であった。諸坊家・町家での出産も法度であったため、両坂本が産屋集落であった。両坂本のそれぞれに世襲の「仙頭《せんどう》」が一戸ずつあり、庄屋の役を果していた。一般農家と町家では五人組の制もみられ、公納物や犯罪に関して連帯責任を負っていた。以上のような仕組みのもと、独自性を持った社会が存在した。

一、元和八年（一六二二）の小倉藩人畜改帳の記載から彦山は、除外されている。つまり、藩政の管轄外に置かれていたことがうかがえる。

二、山内の掟に背いた場合、御叱・御叱遠慮・閉門・科料・営《いとなみ》・里払・還《かえり》芯芻《ひっすう》・入牢・相続差止・坊屋敷召上・死罪など、諸々の刑罰があった。この刑罰は執当・奉行の寄合のうえ、座主の承認を受けて執行された。

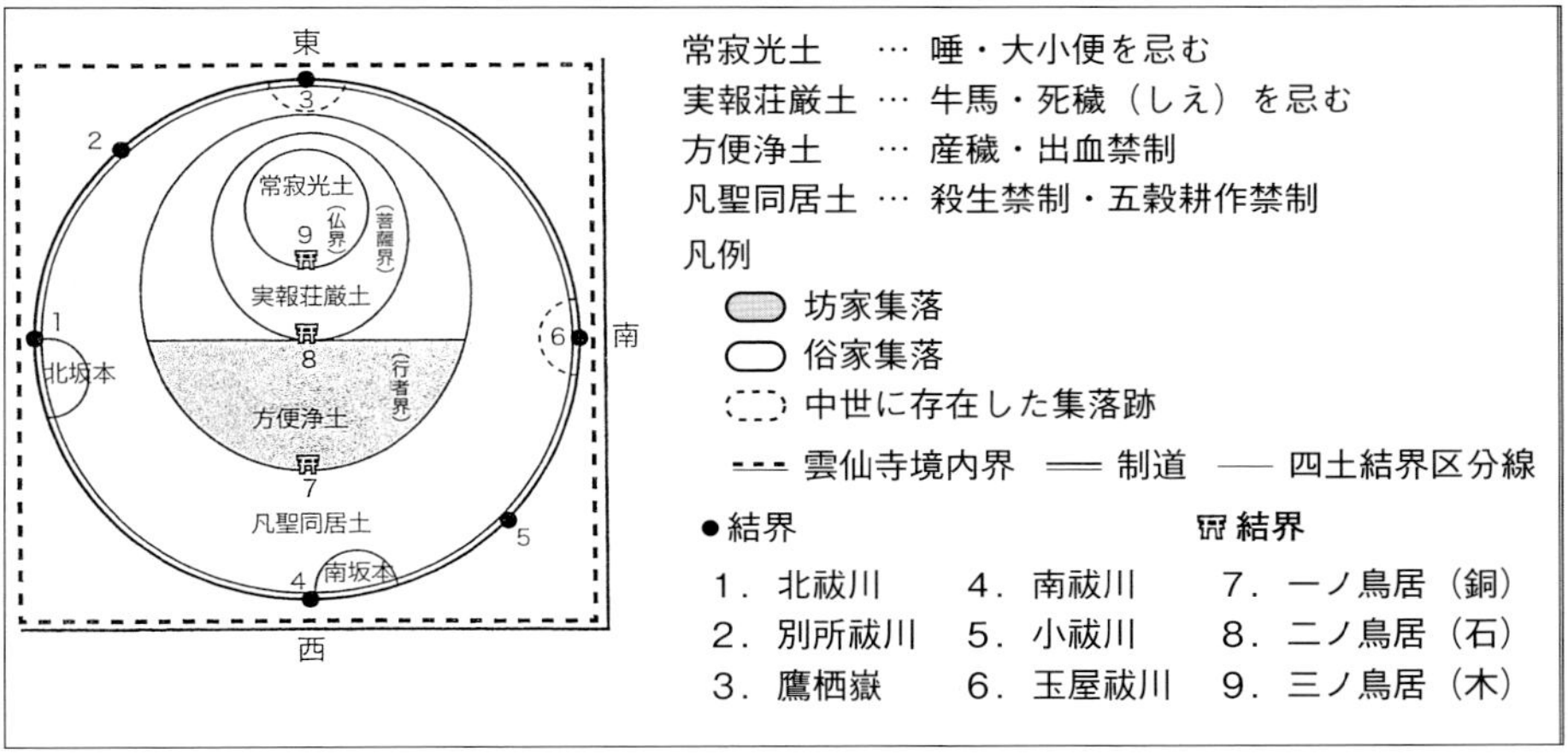

４図　「四土結界と集落配置の概念図」長野覺著『英彦山修験道の歴史地理的研究』の図をもとに作成

三、山内の宗教行事から生活全般に関する法度・式目などが藩の干渉を受けることなく、独自に座主・役僧名で布告されてる。

四、彦山から諸国へ旅行する場合、全て四奉行の発行する往来手形で通用した。

五、天保年間以後、山内で通用する山札（参百文・百文・伍拾文）が発行されていた。

このように彦山は豊前国にありながらも、小倉藩の貢租・上納は一切なく、幕藩体制下の一般地域とは異なる自治をもつ聖域を保持していた。

四、英彦山における四土結界に基づく集落の配置

近世における四土結界と集落配置の概念図を想定しておこう。江戸時代における英彦山の聖域と集落立地の関係は、天台経学の四土結界に基づく相配の構造が認められる。つまり、英彦山三所権現の三峰を中核に、三つの鳥居を結界として山内に四土結界の聖域を設け、銅の鳥居から下が凡人・聖人の雑居世界（凡《ぼん》聖《しょう》同《どう》居《ご》土《ど》）、銅の鳥居から奉幣殿の石の鳥居の間が行者の世

界（方便浄土）、石の鳥居から行者堂の木の鳥居の間が菩薩の世界（実報荘厳土）、木の鳥居から山頂までが仏の世界（常寂光土《じょうじゃっこうど》）とした。その基本は、中世の時代までさかのぼることが考えられる（４図）。

五、彦山の三派（修験・衆徒・惣方）

最盛期彦山三千八百坊と称される山伏集団の存在は誇張あるにしても、戦国期の彦山は戦乱により灰燼と帰した。近世にやや復興した宝永七年（一七一〇）の記録では、人口が山伏・俗人の男女合計三〇一五人に達している。

当時の豊前国では、城下町の小倉や中津以外にこれほどの大規模な町はなかった。彦山は海抜約一二〇〇メートルの山岳の中腹に一キロの距離にわたって石垣と石段で築き上げた壮大な門前町であった。

さて、一般諸坊の山伏らは、修験・仏会・神事に励みながらも、九州各地から登拝する檀那を受け入れ、一方でその檀那に祈禱札を配布した。剛力を連れて九州諸国へ長旅をすれば、かなり多忙で繁雑な生活であったと容易に推測される。

このような日々を送った山伏社会を維持するためには、宗教・政治・経済的な面で強固な組織が不可欠であった。その組織は、修験・衆徒・惣方のいずれか三派に所属していたのが坊である。この坊は世襲的で強固な共同体のもと、複雑な祭礼を分担していた。

修験派は宣度祭で、毎年一人だけ大先達に昇進し、三季（春・夏・秋）の峰入りを修験していた。衆徒は法華経を写経し、その霊験功徳によって五穀豊穣を祈願する「如法経会《ねぶきょうえ》」および釈尊の「誕生会」に奉仕していた。最後の惣方は神事両輪組（色衆《いろし》・刀衆《かたなし》）と称し、祭礼において「御田祭」や「延年」などの司祭者になることであった。

三派に属して司祭者になることは重責であるとともに、多額の準備金が必要であった。祭礼執行のためには、自己の檀那に対して特別の奉賀を依頼することが許されていた。三派に所属する坊は世襲を基本としていたが、祭礼の分担が時として変動しているが、所属を変更することを「性替」と称して勝手に変わることは法度であった。

松会の起源と展開

一、彦山霊仙寺と松会神事

松会神事は、修験道彦山派に固有文化の祭事といっても過言でない。修験道廃止以前には、陰暦二月に五穀豊饒と天下泰平とを祈願する神事として執行されて来た。その意味は降臨する神を斎庭に迎え、象徴とする巨大な柱松を立てるところに、その名が由来する。

かつて、彦山霊仙寺を中核として豊前六峰と呼ばれた修験霊山のうち、普智山等覚寺・蔵持山宝仙寺・求菩提山護国寺・松尾山医王寺・檜原山正平寺・(ほかに福智山金明寺を加え六峰)にその伝承がうらづけられる。何れの霊山も、年中諸祭の中核をなしていた。

明治初年の神仏分離・修験道廃止以後には山伏の離散とともに往時のおもかげを失い、蔵持山では早い時期に消滅した。その他の諸霊山でも断片がわずかに特殊神事として、国家神道による神社行事の中に組み込まれて継承されている(5図)。

現在、英彦山神宮をはじめとして、京都郡苅田町等覚寺の白山多賀神社・豊前市の国玉神社・築上郡上毛町松尾山の三社神社・中津市檜原山の正平寺に残る。

それぞれの霊山の松会神事は特色のあるものの、その断片を繋ぎ合わせると、かつての豊前修験道の「松会神事」の具体的な様相が鮮明に浮かびあがってくる。その場合、この神事修復に重要な意味を持つのが、彦山における〝祭礼絵巻〟を中心とした修験道祭事・儀礼に関する史料群である。

彦山の松会および、その関連資料については、彦山松会研究の第一人者である佐々木哲哉氏などによって度々紹介されてきた。その佐々木哲哉氏の研究成果を基礎として、修験道神事としての位置と祭祀構造、祭礼絵巻に現されたことの概要を記しておこう。

二、彦山松会の起源

彦山松会の起源は、『彦山縁起』によると、役祖十一世の座主増慶による創始が伝えられ、平安中期のこととされる。これを周辺の諸山に求めると等覚寺では天暦八年(九五四)に谷之坊覚心の創始、求菩提山では養老年間(七一七~七二三)に行善和尚の創始と、何

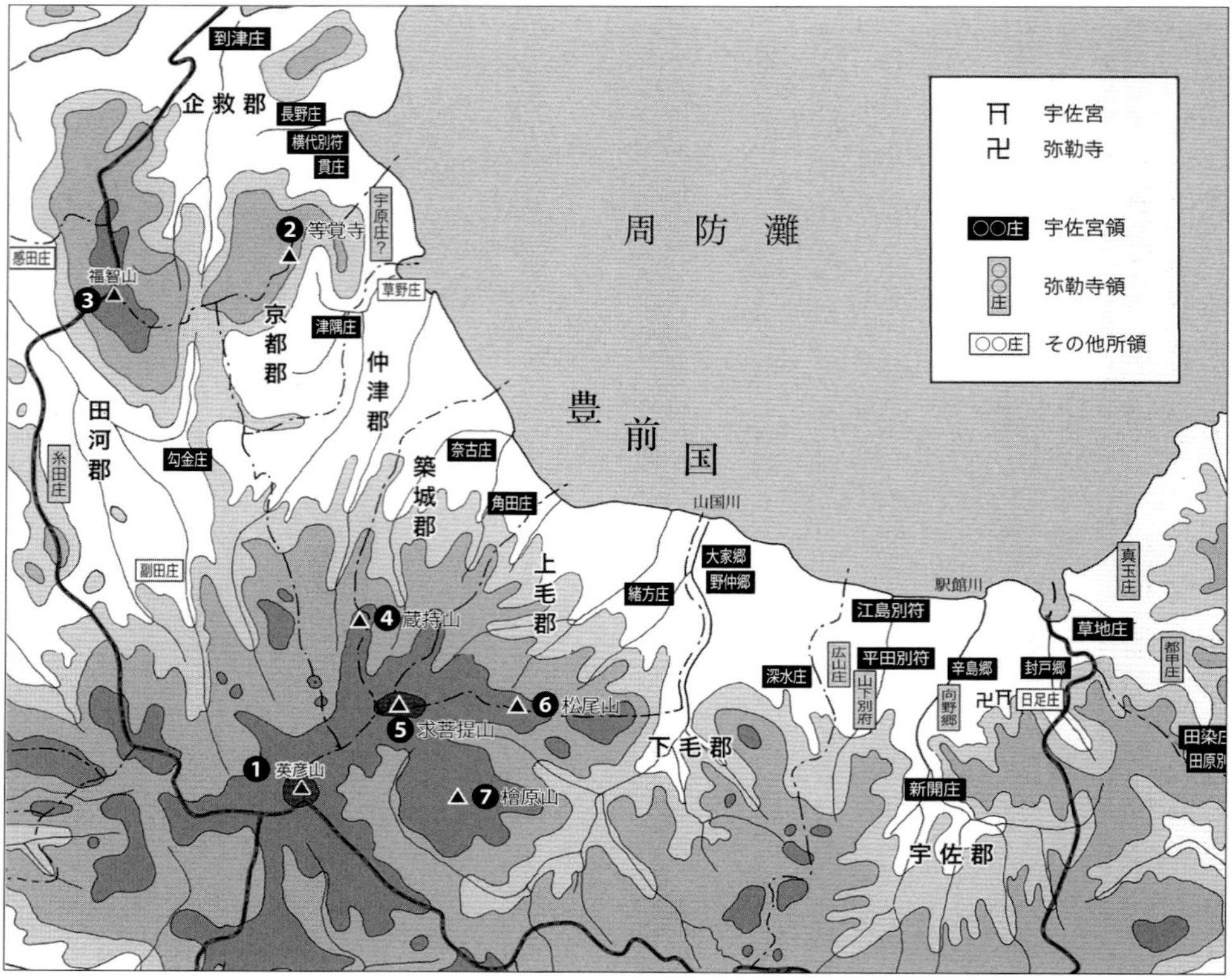

5図　中世、豊前の荘園と豊前六峰

れも古い時期を伝えているが、開山説話と結び付けていており、多分に伝説的である。

彦山松会の記録上での初見は、室町中期にあたる文安二年（一四四五）の『彦山諸神役次第』である。それには正月十四日の松会盛座に始まる松会神事の日程が、

正月十四日　一松盛「会座」在之、惣衆於鑰
前在之
十五日　一松会札盛之座在之
廿九日　一松会注連下
二月八日　一松会延年座　一松会
ナラシノ座
御田盛一臈《もれいちろう》　色衆盛一臈　刀
衆盛一臈
十一日　十二日　十三日於増慶宮御供
在之
十三日　一柱松ヲ立候
十四日　一松会御下於下ノ宮高臈座両所
ニ在之

十五日　一松会正日　一《同》入峰駈入宣度役ニ付テ
卯月中旬成就畢　一《同》涅槃会　一《同》色衆刀
衆御田衆各座在之

と記述されている。正月晦日から二月朔日にかけての汐井採りを除いて、ほぼ近世における松会神事の原型ができあがっている。

　それより前の『彦山流記』には山内年中神事の中に、陰暦二月に「二月会　一五日　号舎利会」と記されるのみで、松会のことが記されていない。しかも〃年中行事〃と称しながら、月ごとの行事のほとんどが法会・講説を中心とする仏事である。このことは、鎌倉期における彦山修験道が神仏習合と称しながらも、仏教色の濃いものであったことを示唆している。『彦山流記』における陰暦二月十五日の舎利会が、約二百年後の文安二年の『彦山諸神役次第』で御田祭を含む松会神事へ推移しているのは、興味深い問題を提示している。

三、舎利会と松会

　舎利会の始まりは貞観二年（八六〇）の慈覚大師による叡山総持院仏舎利供養にあるとされる。それが盛行したのは、東寺の舎利会における仏舎利の霊験が喧伝されるようになってからのことである。

　東寺では弘法大師が持帰った仏舎利八十粒を甲乙二壺に分納し、堀河天皇の康和五年（一一〇三）に舎利会を創始して、毎年十月十五日を定日としていた。東寺の舎利会は天下豊饒の時は分布倍増し、国土衰頽の時は粒数減少するとの霊験が伝えられる。朝野が競ってこれを奉請し、鎌倉末期から南北朝にかけて各地に流行したという。

　仁和寺では康治二年（一一四三）、高野山では久安二年（一一四六）の創始が伝えられる。彦山における舎利会も、東寺と軌を一にするものであろう。この舎利会から御田祭への推移は、極めて納得しやすい側面を保持する。つまり、仏舎利の粒数倍増に天下の豊饒を祈念することと、撒布する籾種に一粒万倍の願いを託することの発想の類似である。その類似が、寺院の法会から民間の農耕儀礼を取り入れた神事への移行を容易にさせたことにある。

同様のことは、松会神事そのものの側面からもいえる。舎利会は、もともと二月十五日を会日とする涅槃会四座（涅槃講・羅漢講・遺跡講・舎利講）のうちの一座である。

彦山の場合、文安二年の『諸神役次第』の記載に、松会当日の法会として涅槃講を残しているところから『彦山流記』における〝二月会〟は涅槃会を意味するもので、それを〝舎利会〟と称していたと考えられる。

涅槃会は、仏教各寺院においてもさまざまな修し方がみられる。その中で京都大雲院の練供養と、同じく京都嵯峨清涼寺の柱炬火《はしらたいまつ》にこの場合の一つが示唆している。文化三年（一八〇六）刊行の『諸国図会年中行事大成』に大雲院の涅槃会が図入りで「巳刻釈迦仏ノ像長恵心作二尺三寸輿に乗せ、衆僧香華を捧げ、行楽《みちがく》を奏して本堂より羅漢堂に遷し、楽法事あり。日中舎利会を修し、申ノ刻釈迦尊の像を本堂に遷座なさしめ形粧始に同じ、法事音楽あり」と記載されている。

ここでは本堂から羅漢堂までの練供養が行楽を奏しながら行なわれ、しかも日中舎利会をその中に挟んでいるのが認められる。

他方、下宮から御旅所（下ノ宮）までの神幸行列が、お下とお上の二日間にわたり、還御の後で御田祭を催すという彦山松会と日程の相違こそあれ、行事そのものはほぼ同型である。加えて『彦山流記』で「宝蔵納置物」の項に「大幡二流　長五丈　次幡五十流　長二丈八尺　皆綾錦繍等也」と記されているが、それらが涅槃会練供養の存在を示している。

四、柱炬火と柱松の意味

嵯峨清涼寺の柱炬火についても、同じく『年中行事大成』に、二月十五日の涅槃会の行事として「清涼寺釈迦堂の前に於いて、大続松《おおだいまつ》を三基建て、暮に及び火を点じ各続松を繞り阿弥号を唱ふ。是西域に於て釈尊の遺骸を荼毘せし遺意なりとぞ」と記載されており、近郷の十三カ村の農民が参加して、それを行なう模様を詳細に注記している。

清涼寺のものが柱炬火であるのに対し、彦山松会では単なる柱松で、幣切り行事を伴っている点に相違はあるが、明治二十六年一月書上の『英彦山神社古来伝来祭典旧儀並音楽神楽書上記』には、

一、柱松炬起立ル事
従前此柱松ハ嵯峨柱松ト云フアリ能ク趣ヲ同クス両部習合ニテハ火柱松ト云フ護摩採燈之法ナリト云フ　天長地久滅災生善之祈禱也　松ハ常磐木ニシテ齢ハ千歳ヲ期シ国家ノ長久ヲ祝ス　故ニ此木ヲ用ユトソ　松会祈年祭モ幾久シク万歳ヲ期セント名称ヲ与フル所以ナリ　起夫四十人ニテ起シ立ツルノ古格ナリ　終夜洪鐘ヲ撞キ加勢ノ起手離散セザル合図トス（後略）

とあって、彦山のそれが柱炬火から転じたものという由来を記している。いささか事例に乏しいきらいがあるが、これらを通してみる限り、二月十五日の涅槃会の行事そのものが、時期的にも内容的にも、地方民間で二月望の日を中心に行なわれていた豊年予祝の〝としごいのまつり〟の儀礼と、極めて習合しやすい要素を持っていたというように思える。それは、斎庭に依代を立てて神の来臨を仰ぎ、それを神輿に遷して村中を巡幸させた後、神前で実際の田植に模した予祝行事を行なうという神事との類似である。

修験道行事に神祭の色合いが濃く現れるようになったのは天台密教系の場合、鎌倉期～南北朝期にかけて進出した山王一実神道の理論が大きく影響している。それは、仏教色の濃かった従来の宗教儀礼の中に、新たに神祭を位置付けるのと同時に、他方で地方民間における村落神を中核とする神祇信仰との積極的な接近をはかり、山伏の布教活動へ繋がったとも考えられる。

彦山の松会が各地の農民を集めて催す祭礼行事で、その中心を農民と最も関わりの深い御田祭に位置付けたということは、明らかに民間の神祇との接近を意図したものである。この時期、彦山山伏は農民への布教活動を活発的に行い、民衆との接触をはかっていた。まごうことなく、彦山在住の各坊が廻檀によって獲得した各地の檀家を招待し、その師檀関係を一層強固なものとする契機となったのが松会神事であった。

五、松会と春峰入峰

鎌倉期における舎利会を含む涅槃会が松会と移行する中、いま一つ特筆すべきことがある。

松会正日の十五日、同じく室町期に成立したとみられる三季峰入りの胎蔵界入峰（春峰）と直結し、その一方で大講堂の法会に前代からの涅槃会を残していることである。文安二年の『彦山諸神役次第』に「一入《同》峰駈入宣度役ニ付テ卯月中旬成就畢　一《同》涅槃会」とあるのがそれで、春峰は四月十日に挙行されている。

出峰の前々日、卯月八日には釈尊の誕生会が催されている。由来、修験道教義による入峰修行は修験者が一旦死して後、仏母の胎内に入って五官五職を供え、仏となって再生するという、擬死再生として語られる。これが涅槃会当日の胎蔵界入峰は、仏として再生するための擬死と受胎を組み合わせたもので、誕生会直後の出峰は人の出胎を意味している。

このような涅槃と誕生の因果の上に成立したのが胎蔵界春の峰入であるなら、それと併行して催される御田祭は明らかに同一理念に導かれた孕みの祈呪と理解されよう。

ここに至って、彦山松会の創始は単に仏事から神事への移行という、表層の出来事に止まらず、その中心に極めて淘汰された理念を捉え、それに民間の〝としごいのまつり〟の儀礼を習合させて、神・仏・修験が一体化した全山的行事を新たに組み立てたものであった。一山事業のうえに生じたこの画期的な変革は、必然的に一山の宗教的機能や組織の面にも生じることになった。

松会の祭祀構造

一、山の宗教組織と行事構成

近世彦山の宗教組織は如法経組・宣度《せど》長床組・神事両輪組の三組に分担されていた。仏事を担当するのが、衆徒方を如法経組。修験行事を担当するのが、宣度長床組。神事を担当する惣方を神事両輪組と呼び、神事両輪組をさらに陰陽に分けている。つまり、陰に相当するのが色衆、陽に相当するのが刀衆と称していた。これは、陰陽合体して車の両輪の如の意味である。惣方では、松会神事に限って御田祭の担当に御田役、延年役を置き、衆徒方では誕生会を主催する誕生会役を定めていた。

彦山一山での宗教組織にこのような、神・仏・修験の明確な区分が生じた時期は必ずしも明らかでない。前述の鎌倉期における『彦山流記』に「彦山霊仙寺見(現)

坊二百余宇」とあるほか、山内四谷（南谷・北谷・中谷・惣持院谷）に居住する講衆一一〇人、先達二〇五人をあげている。仏典の講読を中心に修行する衆徒と、山林抖擻の修行を練達する先達という区分であろう。

この時点では、まだ神職らしきものは現れていない。文安二年の『彦山諸神役次第』になると、行事の分担に衆徒・宣度役・色衆・刀衆・御田衆等などの区別が生じているのがみられる。これとても、後世にみられるような、性ノ坊と称して厳格な世襲制をとるほどの、截然とした組織分化であったかという点になると、なお疑問が残る。それから五年後の宝徳二年（一四五〇）に始まり、明治二年（一八六九）まで書き継がれている『彦山神事役帳』の記載を追ってみると、最初のころは年間祭儀の主催者に毎年一人ずつの坊名が記されている中で、天文九年（一五四〇）になって「今年宣度規式定ル」とみえ、天正二年（一五七四）からはじめて宣度・如法経・色衆・刀衆・延年・御田・誕生会に分けて、それぞれの坊名を記すという記載に変わっている。時代は下るが、明治期の記録で、『英彦山神社古来伝来祭典旧儀並音楽神楽書上記』には、一山三組を次のように記している。

宣度長床組

従来当組に加入の者は四年間勤修し、次第に相承知して年中大小祭祀五十四座の勅宣祭主を勤め、天正以後無禄たるにより薄《いさき》か初穂を募り、祭祀に関する一切の費用を自弁し、通常世襲の神官兼先達職に進み、修験顕蜜二経を兼学す。最も衆徒総分より抜擢し、座主院並に神事奉行之を選任するの定規とす。

神事両輪組

従前当組の加入の者は四年間勤修し、次第に相承して年中大小祭祀五十余座の勅宣祭主を勤め、天正以後無禄たるにより薄か初穂を募り、祭祀に関する一切の費用を自弁し、通常世襲の神官に進み、数百の総分を車の両輪の如く陰陽に分ち、神祇の相伝を相承し、古来よりの祭祀間断なく勤来り、勅宣の松会祈年祭、御田祭、並に神幸式諸祭を司りて勤務す。最も総分両輪より抜擢し、座主並に神事奉行之を選任する規定とす。

如法経組
従前当組に加入の者は四年間勤修し、次第に相承して年中大小四十八座之本地祭主を勤め、天正以後無禄たるにより、薄か初穂を募り、祭会に関する一切の費用を自弁し、通常世襲の修験天台教を兼務し、法華勝最王経、仁王護国経会、年中大小講説等を司りて勤修す。最も衆徒中より抜擢し、座主並に神事奉行之を選任するの定規とす。

右に記した三組では、従来、衆徒・惣方の双方から抜擢されたものが、それぞれ四年間の勤修期間を経て、その年間に年中大小の祭祀・法会を主催して来たが、天正以後は祭儀費用の調達に自らの施主を依頼してこれを勤め、世襲の先達・神職・僧職に昇進したとある。こうして昇進した各組の最高位を彦山では正大先達（宣度）・一山一臈（神事両輪）・法印大和尚（如法経）と称し、昇進の過程にある一連の祭儀を総称して宣度祭・盛一臈祭・如法経会と呼んでいた。

文安二年の『彦山諸神役次第』には、二月八日「松会ナラシノ座」で、「御田盛一臈　色衆盛一臈　刀衆盛一臈」の記載がみられ、この時期には惣方では盛一臈祭の過程の存在をうかがわせ、それは衆徒方の如法経会にも通じると考えられる。ただ宣度祭は、かなり遅れて前述して『彦山神事神役帳』天文九年（一五四〇）の条になってその起原が記されている。

二、宣度祭の意義と三組

宣度の規定だけが遅れて定められた背景には、彦山の三季峰入りが室町期になって形態を整えたことに起因している。いま一つが先の一山三組の区分にみられるように、宣度役が「衆徒総分より抜擢」されたことも背景にある。

それまでは衆徒と惣方の双方から行者方が出て修験の行を行ない、大先達に昇進していたのが、峰入修行の機構整備に伴って、独立した組織化が必要となった。江戸期における宣度長床組では、世襲制による宣度三十六坊と称する家筋が生じ、多少の変動があったにせよ、それらの中から宣度祭を継承して大先達に昇進しているのが認められる。

これまでのことを振り返ると、彦山における神・仏・

修験三組の組織形成は鎌倉時代以降の修験行事の中に神祭の色合いが濃く現れるに及んで、従来の衆徒・講衆の中から特に神祭を司る神職が生じ、機能的には衆徒方・惣方に大きく二分されていた。さらに、その中から先達職に進む行者方が独立して組織をなすように至ったというように、漸進的にそれが進行したとみることができる。

中世末期の戦乱によって従来の神領が激減するあたりから、祭費の調達をすべて施主に依存する必要が生じた。一山の行事も一応は年番が統括するという形をとりながらも、実際の運営はこれら三組の盛一臈祭・如法経会・宣度祭の過程で、それぞれの祭主が施主を求めて祭儀を執行するというように機構を整えていったと思われる。その結果、これらの三組の祭座・講会が、一方ではそれぞれの組における当出仕から当役成就までの一連の昇進過程として五カ年ないし六カ年にまたがる布置をとりながら、一方では年間を通じて一山行事の核を形作ることになった。

一見複雑きわまる様相を呈してみられる近世の年中行事も、それを月例の購読座および一山の宗務を司る年番が統括する行事と、盛一臈祭・如法経会・宣度祭それぞれの過程にある行事とに区分を施して、それを眺めれば、修験一山の行事構造がかなり整備された形となって浮かびあがってくる。この中で月例講会・一山行事は、その内容から三組のどれかに帰属する。一応の区分は朔日講のような特定の講衆によるもの、南北例講や春秋彼岸経会のような前代の遺風を継承した居住地域（谷々）の講衆によるもの、松会や月例仁王会のような全山的性格をもつもの、それに一山の宗務的な行事というように分けられる。それらは厳密な意味における各組の通過儀礼的要素を持つ祭儀とは区別されるべきものといっても過言でない。

以下、これまで述べてきた一項と二項をまとめておこう。盛一臈祭・如法経会・宣度祭の過程では、三組それぞれの性格に応じた独自の経過を踏んでいるのがみられる。

共通する要素としては、前述したように五カ年ないし六カ年にまたがって、当出仕・未成就・請取・当役と、その昇進段階に応じて勤めるべき祭座がきめられている。その過程をふむことによって当役を成就、組の最高位に昇進して行くという仕組みになっている。その流れは如法経会では三月二十三日から二十九日までの一週間にわたる如法経会を、盛一臈祭では二月十五日の松会を、宣度祭では松会当日と併行する宣度当役頭襟下し（宣度祭）と、それに続く胎蔵界入峰（春峰）を、それぞれの頂点としている。次に盛一臈への昇進過程と松会の行事の経過を述べておこう。

盛一臈祭と松会

一、盛一臈への昇進過程

松会は彦山一山を挙げての全山的神事であると同時に、神事執行の過程が惣方における盛一臈《もれいちろう》の通過儀礼を意味する。盛一臈の経過を記した二つの史料がある。『盛一臈御座次第』と、もう一つの松会神事執行にあたる当役の詳細な覚書『吉書集儀』がある。いずれも、色衆・刀衆双方のものがある。この二つの史料は松会の経過を順次通年的に記す形式になっている。それぞれの祭座に「当役勤レ之」「請取勤レ之」などの記載があって、それぞれ段階ごとに整理してみれば、六カ年にわたる通過儀礼が一連の流れである。

さて、盛一臈は段階を踏んで重ねるということから、その名がある。つまり、当役仕↓三臈↓請取↓当役を経て二臈↓一臈へと昇進する仕組みになっている。まず、盛一臈の候補者を遠臈次《とおらつし》と呼び、惣方のうちから色・刀・御田おのおの家筋が確かで両親健在の長男をもってこれに当てる。毎年正月の五・六日の吉日を選んで吉書集儀の席で候補者が決定される。座主の裁可を経て十五日の松盛座で正式に下命、二月朔日の注連下座にはじめて当出仕ということになる。当出仕の一年は年中諸祭に出仕して諸事万端を見習い、翌二月二十五日の一臈集儀で三臈に昇進、髮立てを行ない、以後一年の間は当役の指示に従って、主として祭座開催の連絡に当たる。盛一臈各段階への昇進は、毎年二月二十五日の一臈集儀座で行なわれるのが定めである。三臈の次の請取は当役の介添えを勤めて一カ年を経過、その間に髪を結い、当役から数えて四年目にはじめて当役へ昇進する。当役の一年間は、それこそ松盛にはじまる松会神事執行の全責任を負うことになる。そして、後述する諸祭とどこおりなく執行した後、当役を成就して二月二十日の請取座で、次の当役たる請取に諸事引継ぎを行ない、それまでの結髪をおろして二臈に昇進する。二臈も一臈も任期は一カ年で、当役以下を指導する役目を持ち、盛一臈の通過儀礼が遺漏なく進行するよう、各祭座に出仕して万端の指示にあたる。この間六カ年、以後は位《い》上《あが》り（高臈ともいう）となって、盛一臈の顧問格になる。

以上が盛一臈祭の経過であるが、その中心は松会神事の執行で、その通過儀礼も、時期的には毎年正月から二月いっぱいという短期間に集中している。以下は、松会神事の経過を記しておこう。

二、松会神事の経過

松会神事は陰暦二月十四・十五両日の行事であるが、厳密な意味では準備段階も含めて、その経過にある祭座のすべてを総称している。松会神事は正月五・六日に吉日を選んで開かれる吉書集儀に幕をあける。新しい盛一臈遠臈次を選んでその新年にその名を記すところから「吉書」と呼ぶ。

正月十四日…神事執行にあたっての新しい役割を決定するのが正月十四日の松盛である。一山的行事であるため年番がこれを主催し、盛一臈の高臈が出仕し、当出仕をはじめ舞楽・神幸祭・御田祭・庭ノ役等の松会諸役を割当てる。

十五日…望《もち》ノ座と称し、当役によって大札に盛一臈の坊名が記される。現存する大札は縦二八〇センチ×横三三・六センチ・厚さ二センチの黒漆塗りが二枚、表に「色衆盛一臈・刀衆盛一臈」と彫り込んで金粉を施してある。その大札の下部に白粉で坊名と年号、月日して飾る。

十六日…札盛座では、他の松会諸役に渡す木の小札五十枚に坊名を記し、当役の饗応がある。札盛座では当役が松会の諸係を委嘱することと同時に、この日から松会諸役が厳粛な潔斎に入る。

十八日…夜に一臈の主催による格ノ集議が催される。潮井集議とも呼び、先年に当役を終えた二臈が、その年の当役に対して潮井採り行法を伝授する座である。当山の潮井採りは正月二十六・二十七両日にかけて仲津郡（現・行橋市）今井の沓尾海岸までの往復ということになっている。当役と請取の勤めで、色・刀・御田の各々から人数が出て馬十頭で行列を組み、行程九里八丁を沓尾海岸の〝姥《うば》ヶ懐《ふところ》〟と名付ける場所へ赴き、山内の潔めに用いる潮井を汲み帰る。〝垢離八丁〟とも呼んで厳冬の折の禊を含み、道中の村々における接待座、今井宿における作法、深夜の潮井採りなどには、様々な行法や口伝がある。持ち帰った潮井は正月晦日、当役によって上宮に供えられる。

この日は当役に先立って二臈の上宮社参が行なわれ、結界が保たれるが、当役の上宮社参は深夜から払暁にかけて厳粛を極めていたようである。かくして、いよいよ松会執行の二月を迎える。

二月朔日…当出仕が行なわれ、その年の新しい盛一臈が初めて注連下座に出仕する。座は上宮社参から戻った当役が取り仕切り、当役坊に門注連を張って潮井筒を掛けた後、直会がある。同日、大講堂では請取が主催して公物《おおやけ》出しが行なわれる。松会に用いられる獅子・鉞・金棒・斧などをさして公物と呼ぶが、この日如法経の朔日講衆による伽藍供養と併せて、公物に対する仁王経読誦も行なわれる。

二日…延年結衆による仁王経講読。

三日…惣方と宣度の交流に三日座（色衆座）がある。三日座は松会正日に宣度祭を営む宣度当役が、盛一臈の当役・請取・三臈を迎え饗応をするので、色衆が陰で母胎を意味するが故に、宣度当役がその盃を受けることによって仏母の胎内に宿るという意味付けからである。三日座退席後、色衆では獅子試し、刀衆では鉞稽古が行なわれる。

四日…松会当日の規式の打合せをする三臈集儀。三臈が中心となって各種規式帳の点合が行なわれる。

五日…翕座で、色衆は獅子とヒンササラ、刀衆が長刀と鉞ならしがある。なお、五日からは色衆高臈による増慶社七日詣でも始まる。

六日…色・刀・御田各当役が座主院に伺候した御雑餉料を献上すると、その退出を迎えて当出仕が当役を慰労する入集儀座がもたれる。

七日…宣度での重要行事となっている行者講に、盛一臈からの行者詣でが行なわれる。三日座の饗応の答礼の意味でもある。

八日…延年結衆による延年舞の稽古が行なわれる。延年座の世話方には三臈があたるが、諸事格式がやかましく、饗膳も古格を守って贄をつくしていたことがうかがわれる。同じく八日は松会の七日前にあたるので、この日盛一臈の大札が当役宅に移される。

九日…大札開眼法楽の経と称して仁王経が読誦される。

十日…色衆によって増慶社影向石を中心とする下宮一帯の〝宮ノ祓〟があり、御道具の潔めをする〝家内ノ祓〟、御供屋である北山殿の通屋が行なわれる。

十一日…十日に色衆が行なったことを刀衆が行なう。

十二日…増慶御供は色衆・刀衆と当役・請取・三臈を中心に御供が供え終わった時点で年番に注進し、高臈以下が北山殿に出仕、勤行・神楽などがある。なお、増慶御供については鴉が飛来して御供を啄めば吉、蹴散らして去れば凶で、凶であれば幾度の供え替えをしたという。

十三日…早朝から惣方・宣度双方の仏殿結がある。惣方では獅子・鉞を、宣度では行者笈《おい》をかざるためのものである。当役を除き請取り以下が度衆を指揮して竹を組み、桟敷をしつらえるが、『吉書集儀』には何れも詳細な図面を付している。同日、大講堂庭前では年番が主催して柱松起が行なわれる。神役奉行四人が立会し、先山伏が指示して四十人の起夫により、高さ一三間の巨大な柱松が立てられ、東西に大縄が張られると、これで松会神事執行のための準備万端が整ったことになる。

十四日…三体の神輿が参道を下ってお旅所まで遷行するお下り。

十五日…神輿は還御するお上りがあって、大講堂庭前で御田祭をはじめとする松会正日の行事が繰りひろげられる。以後は、宣度祭の終ったあと胎蔵界峰入りが続き、惣方では松会執行の大任を終えた当役が、役目を翌年度の当役へと引く継ぐ請取座、新当役が仁王読誦の作法を伝授される願之経を経て、盛一臈各段階の昇進が行なわれる一臈集議へと続く。

なお、彦山松会は、閏年には小松会と称して「二月十六日　松盛　同十七日　札盛座　同二十日　注連下座　同二十五日　翠座　同二十九日宮ノ祓　三月朔日増慶御供　同二日　御幸御下り　同三日　御幸御上り正日　同五日　願之経　同八日　一臈集議　同十日上り樽」という日程で神事が執行されている。

松会祭礼絵巻

一、松会の構造

松会は、修験道彦山が一山あげて繰りひろげる壮大にして華麗な祭礼であった。豊前・豊後・筑前は勿論、筑後・肥後・肥前・壱岐・対馬から遠く薩摩・大隅・日向までの文字通り九国二島に広がる信仰圏から、蟻の彦山詣でとも称されるように人々を駆り立てた。史料によれば、その数六～七万ともいわれる。その原動力が彦山山伏の廻檀による布教活動であったなら、直接の吸引力になったのが、この松会であった。

松会神事は一山の宗教組織を結集して、宗教理念を集約的に表現したのであると同時に、民間の神祇信仰を巧みに摂取して、あらゆる祭礼的要素を包括した演出であった。

二月十四・十五両日にまたがる神事の詳細は『吉書集儀』をもとに、「松会の起源と展開」で紹介しているので、ここでは構造面から〝祭礼行事〟と〝組織行事〟の二つに分けて区分しておこう。

一、祭礼行事

①神幸行列（十四日のお下り　十五日のお上り）

②松庭の行事

イ、流鏑馬　ロ、御田祭（鍬入れ・畝切り・田打ち・畦塗り・馬杷・代掻き・種子蒔き・田植え・飯載《いいかぐめ》・汁載）　ハ、彦一坊の神楽　ニ、色衆による獅子舞と舞楽（ヒンササラ・七鞋靪）　ホ、刀衆による長刀・鉞・金棒の演技　ヘ、延年衆による延年舞　ト、高臈風流　チ、早具足・御座具足・練相撲等の演技　リ、幣切り、十四日の神輿御下りの時、下ノ宮の行事としてハ・ニ・ホあり、小松会には延年が加わる。

二、組織の行事

①松庭の行事

涅槃会（十五日早朝）

②神事両輪組

イ、下ノ宮桟敷饗応（十四日）　ロ、色・刀の大札荘厳　ハ、色・刀・御田高臈の桟敷出仕と当役の饗応　ニ、座主出仕と当役の御雑餉献上　ホ、大札請取渡し（仏殿崩し）

③神事両輪組

イ、庭上（芝居）出仕　ロ、装束笈荘厳　ハ、槌橛笈打と笈掛　ニ、宣度頭襟下し（宣度祭）　ホ、胎蔵界峰駈入り

④年番

イ、幣切り　ロ、柱松倒し

これらの中心をなすのは、神幸行列と松庭の祭礼行事である。全体の流れは〝組織行事〟が一部場所を違えて併行して挙行されるものを含んで、それを取囲む形で進行しているのがある。十四日は未ノ刻（午後三時）に始まる神輿のお下りと、下ノ宮（お旅所）における行事だけであるが、十五日は早朝大講堂における衆徒方の涅槃会が終った後、辰ノ刻（午前九時）から神輿のお上りとなる。

参道を上った神輿が大講堂前の神輿休に休むと、行列に随っていた色・刀盛一臈の大札が仏殿に飾られ、高臈が桟敷に出仕して当役による饗応がある。

この饗応の途中に大講堂で座主の出仕があり、当役は講堂に伺候して御雑餉を献上、前庭では松庭の行事（正日庭役）が始まる。

松庭の順序は前掲の通りであるが、流鏑馬と御田植が終ったところで神輿が下宮に還御、それを送る態で獅子が舞い、彦一坊の神楽で舞い納めという形をとる。

神楽の後、刀衆による長刀の演技などが引続いて行なわれるが、この間を縫って色刀当役と請取の間で大札の受渡しが行なわれ、仏殿が崩される。これと時を同じくして、一方では宣度祭の神事が始まり、時分をみて宣度の庭上出仕（芝居出仕）が行なわれる。

松庭における早具足などの競技終了とともに、神事は宣度祭へと移り、峰入りの結界を限る随橛打ちと笈掛け、当役の頭襟下しの儀式が終った後、股木度衆を先頭に当役以下入峰の一行が胎蔵界春峰へと駈入る。

これで庭上・桟敷の行事がすべて終了した松会は、最後の幣切りと柱松倒しで幕を閉じる。

『古書集儀』は、これらの経過と個々の神事についての礼式・座法等を詳細に記している。しかし、反面〝覚書〟という形式をもつ表面上の制約もあって、それらの行事が実際にどのような様子で展開されていたのかということの具体性を欠いている。それを補うものに、祭礼絵巻がある。

二、祭礼絵巻

彦山松会の様相を具体的に描写した祭礼絵巻は、管見によれば少なくとも三種類ある。一つは英彦山神宮宝物館所蔵のもの、いま一つが長崎県平戸市松浦史料博物館所蔵のもの、そして今一つは和歌森太郎氏（故人）が所蔵していたものである。

このうち和歌森太郎氏所蔵のものは、同氏著書『山伏』（中公新書）に掲載されている二葉の写真（宣度祭と幣切り行事）を通して知るのみで、筆者にとって未見のものであるが、写真で見る限り、前の二つとはまったく別系統をなすものと思われる。

これに対して英彦山神宮所蔵のものは（以下英彦山本と呼ぶ）、松浦史料博物館所蔵のもの（以下松浦本と呼ぶ）に比して、その図柄から推して同一系統のものとみなされるが、松浦本には絵巻の各場面に簡単な注記がほどこされている点で英彦山本との間に相違がみられる。製作年代については、英彦山本にはなんら拠るべきものが見当らないが、松浦本では同博物館蔵『平戸藩楽歳堂蔵書目録』に、寛政四年（一七九二）彦山安住院本を模写したものという記載がみられる。

寛政四年といえば、平戸藩で名君の誉れ高い松浦静山公の在世中で、おそらく静山公の命によって同藩の絵師が彦山僧安住院本を模写したものと思われる。さすればいま一つ、彦山には松浦本の原本になったものがあったはずで、現存する注記のない英彦山本も、あるいはそれを模写したものであるかも知れない。

未知の和歌森氏所蔵本はさておき、英彦山本と松浦本のうち、製作年代が明らかで注記のある松浦本を底本として、いますこし解説をほどこせば、絵巻は二巻、前掲の『平戸藩楽歳堂蔵書目録』では、表題に「彦山松会之図」とあって、「二寿軸　一彦山の大権現祭礼之

図　自二月一三日松興到倒畢　一三所権現御幸座主出仕之行列春峰入行列」と注記されている。
　現物では二巻とも包紙に墨書があって、一巻には「二月十三日ヨリ十五日マテ　英彦山大権現祭礼松会之図」、二巻目には「松会之図　十四日十五日　三所権現御幸　十四日十五日　座主出仕行列　十五日　春ノ峰入行列」と記されている。

「英彦山大権現祭礼松会之図」（松浦本、幣切りの場面（松浦史料博物館所蔵）

　長さは前者が一六・五九メートル、後者が一七・三四メートルという長尺で、幅は何れも二六・八センチ。最近の修理で軸物に表装されている。内容の表題が示すように、一巻が柱松起こしに始まり、松庭の行事を中心に、盛一臈と宣度の行事を描いて最後を柱松倒しで結び、二巻目は〝行列〟を中心において、神幸行列とそれに続く座主出仕行列、宣度の行列を描いている。

　両巻をあわせると、衆徒方の涅槃会を除いて、松会両日の行事がほぼ網羅されており、しかも彩色を施した克明な描写は、写実的で精緻を極め、道具立てから、人物の服装・動作・表情までもが見事に写し取っている。

　神仏分離以後百数十年余りを経過し、一切の修験色が払拭されてしまっている昨今、この祭礼絵巻は、文書史料では到底及び得ない松会神事の具体的様相を伝えている点において貴重な考証価値を有する第一級の史料である。以下は、その主要場面について若干の注記を施し、その意味を紹介しておこう。

第一巻「英彦山大権現祭礼松会之図」

(1)柱松起こし…二月十三日、神事奉行立会のもとに先山伏が指揮して、総勢四十人が高さ一三間の柱松を立てる。頂上に幣帛を飾り東西に大綱を曳く。ほぼ同型のものが普智山等覚寺の松会に唯一伝承

（1）柱松起こし「英彦山大権現祭礼松会之図」（英彦山神宮蔵、写真提供・添田町）

（2）仏殿大札荘厳

されている。

(2)仏殿大札荘厳…十三日に仏殿を結い、十五日の神幸還御の後、色・刀盛一臈の大札と、色衆の獅子、刀衆の鉞を呪物として荘《かざ》る。

(3)三所権現の神輿と彦一坊の神楽…彦山の神楽は世襲の彦一坊が担当、松会では十四日のお下りのあと下ノ宮で、十五日のお上りのあと松庭で、三体の神輿を前にして舞われる。図のように千早に緋の袴という女装で、採物は鈴だけである。

(4)色・刀・御田当役桟敷出仕…「色衆刀衆御田三ツ之祭祀三ヶ年間請持各四十八之大座ヲ勤メ二月十五日桟敷ノ座迄ニ成就」との注記がある。中央に当役の座、左右に高臈の座を設ける。

(5)大講堂における当役の御雑餉献上…正面に座主、左右に執当以下の役僧が侍座する中で、当役が御雑餉（菓子の島台）を献上する。「大講堂二間盛リ九間四面」の注記がある。

(6)松庭行事・流鏑馬…『吉書集儀』には、「但大松ハ騎馬三返、歩行三返、衣体ハ水干大口綾笠　下人弓袋指付添、的立三人三所ニ立」とある。

（３）三所権現の神輿と彦一坊の神楽

（４）色・刀・御田当役桟敷出仕

（５）大講堂における当役の御雑餉献上

（６）松庭行事・流鏑馬

（7）御田祭・馬杷（左）と鋤入れ（右）

（8）御田祭・種子蒔き

（9）御田祭・御田植えと飯蔵（右）

(10) 御輿休と駕与丁

（12）松庭行事、長刀舞い　（11）松庭行事、獅子舞

（12）松庭行事、長刀舞い

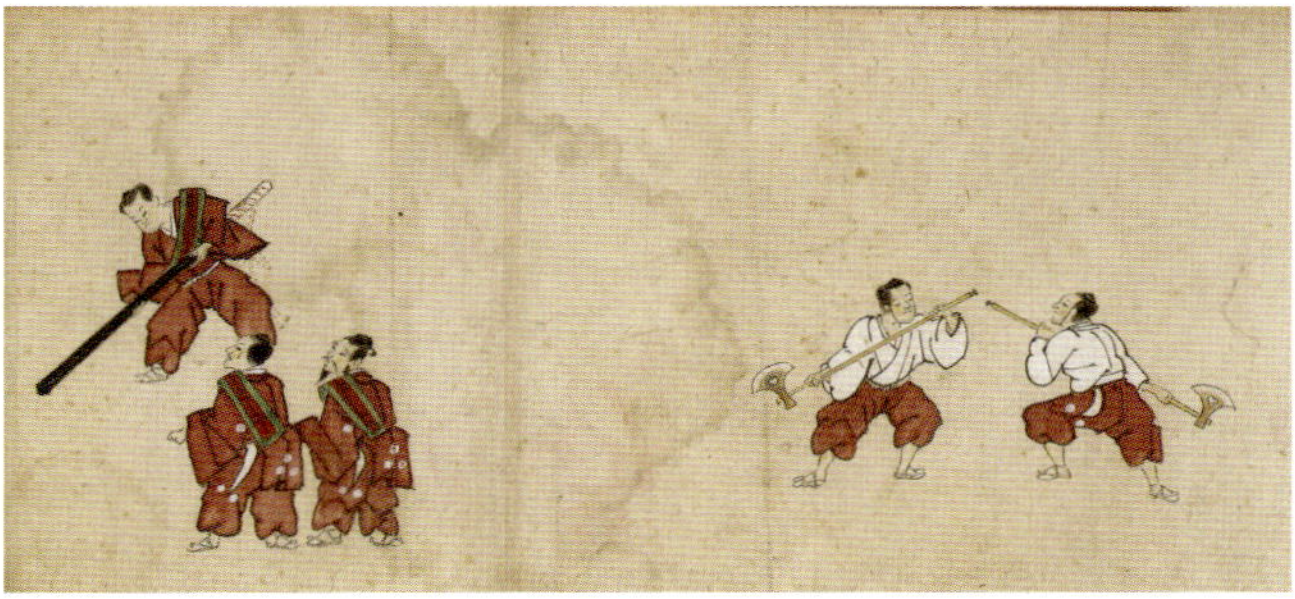

（12）松庭行事、金棒舞い、鉞舞い

(7)御田祭・馬杷と鋤入れ…鋤入れには唄が伴っていたようである。絵巻の馬は俵であるが、現在の馬杷は木製の牛にひかせている。

(8)御田祭・種子蒔き…彦山詣りの人々が松会に参加するのを〝種蒔きに詣る〟と呼ぶほどに、ここで撒布される籾種を田の虫よけの呪物として持ち帰る習慣となっていた。大講堂側の籾種入れには「三石六斗入」との注記があり、群がり拾う各地からの参詣者と見物人・物売り等の様子がユーモラスに描かれている。

(9)御田祭・御田植えと飯截・汁截…綾笠をかぶった植手が石菖芝を手に、田植えの所作をする。その時

（14）松庭行事、延年舞　　（13）松庭行事、色衆の楽

（14）松庭行事、延年舞（右）と高臈風（左）

昼飯《ひるま》持ちとして孕み女が登場(男が扮装)する。いうまでもなく、孕みの感染呪術である。

⑽御輿休と駕与丁…御田祭が終ると松庭の神輿が下宮に還御する。駕与丁はかつては朝倉郡杷木町松末と、大分県山国町の青年が受持った。

⑾松庭行事、獅子舞…雄獅子・雌獅子の二頭立てで、舞手は色衆が受け持つ。

⑿松庭行事、長刀・鉞・金棒…この三つは刀衆の役。特に鉞は刀衆が奉持つ呪物となっている。『吉書集儀』には「刀日ノ役打前・打刀・越所前・越所・鉞前」と記されている。具体的には普智山等覚寺で舞われているものと同型ではなかったかと思われ、その意味は悪魔払いとされる。

⒀松庭行事、色衆の楽…『吉書集儀』には「色日ノ役　掛ヒンササラ・七鞋靪・袖カサリ・掛ヒンササラ・水廻・七鞋靪、舞口四方立、掛ヒンササラ・水廻　相済散敷帰」とある。ヒンササラは彦山では、なまってビシャシャラという。七鞋靪は懸太皷であろう。

⒁松庭行事・延年舞と高臈風流…『吉書集儀』には「開

（15）松庭行事、御座具足

（16）宣度祭、杭打ち（右）と笈掛（左）

口延年付諸用勤。開口ノ云様、夫当山三岳峨々トシテ三社霊地、新神ノ瑞籬ノ末千歳ヲ延トカヤ、当山伏御法味ノタメ善鬼参テ候、ト云。」「高臈風流。…中略…笛吹・太鼓打ハ延年付。大鼓打ハ綾笠被ル。大鼓持ハ給仕也。高臈円形ニ立、中ニ笛・大鼓入、如ニ延年一西王母ノ謡相済」とある。なお、西王母とは中国に古く信仰された女仙で姓は楊、名は回。周の穆王が西に巡行して崑崙に遊び西王母に会い、帰るのを忘れたという。また、漢王の武帝が長生を願って祭、西王母は天上から降り、仙桃七顆を与えたという。能の一。神物。西王母が桃の実を贈ったという脚色。

⒂松庭行事・御座具足…松庭の競技には早具足・御座具足・練相撲があげられているが、『吉書集儀』にも「御座足。但シ給仕御座ヲ持出ル。具足ノ下ニ敷、具足ヲ取ルト御座ヲ引争。勝負ニ依テ具足ヨリ先引入。本式ハ具足ヨリ後引筈也」とあるだけで、その模様は絵巻によるほかはない。

⒃宣度祭・杭打ちと笈掛け…この日胎蔵界入峰のため、二の鳥居に結界を張る。鳥居内に幣を立て、

（17）宣度祭・当役頭襟下し

（18）柱松の幣切り

鳥居下に行者笈を安置する。

⒄宣度祭・当役頭襟下し…「勅宣度神事三年之成就直ニ入峰」の注記がある。宣度祭については「宣度大営之次第」に詳しい。

⒅柱松の幣切り…松会神事のフィナーレ。「柱松高サ一三間頂上ニ登リ幣ヲ切リ柱松倒シ二月十五日七ツ時迠ニ神事成就」と注記されている。盛一臈が頂上に登って幣を切る。

なお、末尾の注には「諸国参詣多キ年ハ凡七八万人積リ関所ニテ分之」と、松会の盛況を伝えている。

第二巻「三所権現御幸　座主出仕行列春峰入行列」

⑴神輿行列…『吉書集議（刀衆）』には御幸行列に、

「成道練童子三人　火王　男獅子彦一坊カサ　刀衆出仕高臈　笛吹　作叓奉行　刀衆散使御幣刀一臈鉞刀御札当役　御田出仕高臈　笛吹　作叓奉行

一覚白杖持三人　水王　女獅子

但　御田ハ天神ノ前ニテ分ル

神輿奉行　サシバ　神人人形米

（１）三所権現御幸行列「三所権現御幸　座主出仕行列春峰入行列」（英彦山神宮蔵、写真提供・添田町）

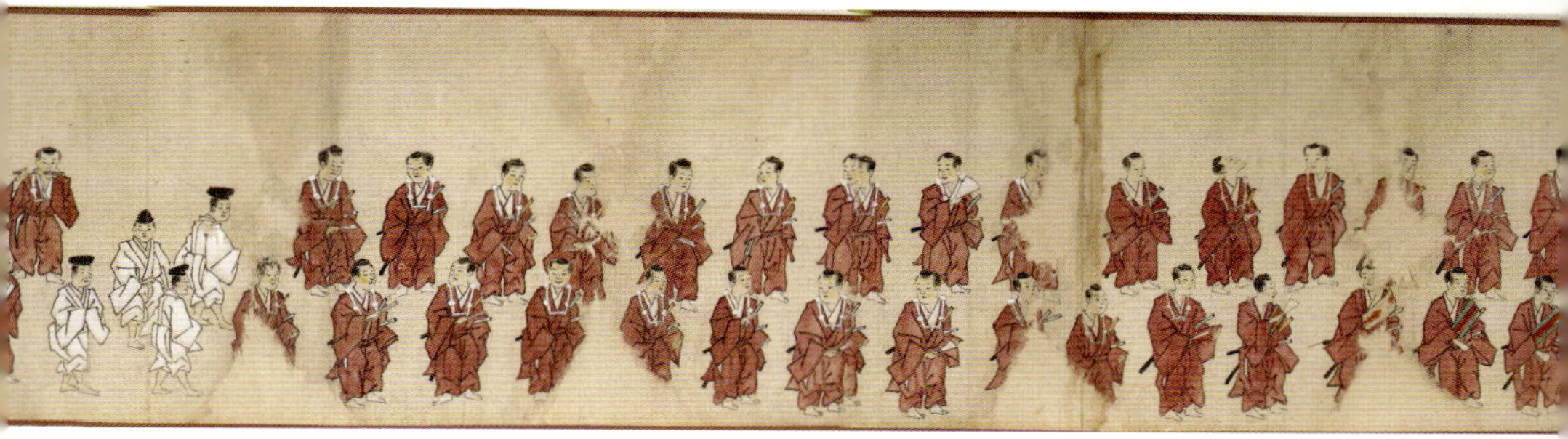

（１）三所権現御幸行列２

神輿三体共ニ同前　傘指　色御札当役出衆
神輿奉行　サシバ　カク《（楽）》打　経僧　高臈散使」

と記載されており、絵巻の順序もほぼこのとおりになっている。

(2)座主出仕行列…彦山座主は元弘三年（一三三三）宇都宮信勝の推挙により、後伏見天皇第六皇子と奉称する助有法親王を迎えて以来、宮家の血縁による世襲座主ということになっていた。

　当初は筑前国上座郡黒川邑に座主院を置いて、座主は正月の年賀のみ彦山を訪れていたが、天正十五年（一五八七）以降山内に居を移した。慶長年間（一五九六〜一六一四）に豊前小倉藩主細川忠興から千百石の知行を宛行《あてが》われ、小笠原侯によってもそれが継承されていただけに、座主院の機構にもそれ相応の格式がそなわっていたものが伺える。絵巻の出仕行列にもそのことがうかがえ、一山の高臈職・役僧等の随行とあわせて、輿の周囲には小姓・近侍・典医等の姿もみえる。なお後

（1）三所権現御幸行列３

（1）三所権現御幸行列４

（1）三所権現御幸行列５

（1）三所権現御幸行列６

（２）座主出仕行列１

（２）座主出仕行列２

（２）座主出仕行列３

（２）座主出仕行列４

（２）座主出仕行列５

（２）座主出仕行列６

（２）座主出仕行列７

（３）宣度当役桟敷出仕

（4）宣度芝居出仕行列1

（4）宣度芝居出仕行列2

詰の前には、先頭と呼ばれる山麓村々の代表者格のものが随行しているのも興味深い。

(3)宣度当役桟敷出仕…宣度当役に「勅宣度大会三年ヶ間請持行人二月十五日此桟敷相勤従是大講堂之松庭ニ上リ執行有之直ニ入峰修行」の注記があり、左右の桟敷席には「大先達長床三十六人桟左右ニ着座」とある。当役の背後の仏殿には行者（御本尊笈）が安置されている。

(4)宣度芝居出仕行列…この図は『平戸藩楽歳堂蔵書目録』によれば「春峰入行列」ということになっているが、「宣度大営之次第」の記述にしたがえば「貫主公御出仕ノ後芝居出仕行烈（列）」の行列順序とほぼ一致している。相違点は、「一番御幣御差一人介錯一人二番杈木三番横笈四番先達笈五番新客六番装束笈介錯給仕両人付二左右一七番当山伏□八帯ノ給仕左右相共槌橛八度衆持レ之八番請取坊九番惣先達供奉度衆小者等十番手振」とある順序と、一番、二番が入替っているだけである。図中それぞれの役柄の服装・持物等に注記のあるのとあわせて、宣度山伏が一覧される点で極めて興味深い。

（4）宣度芝居出仕行列 3

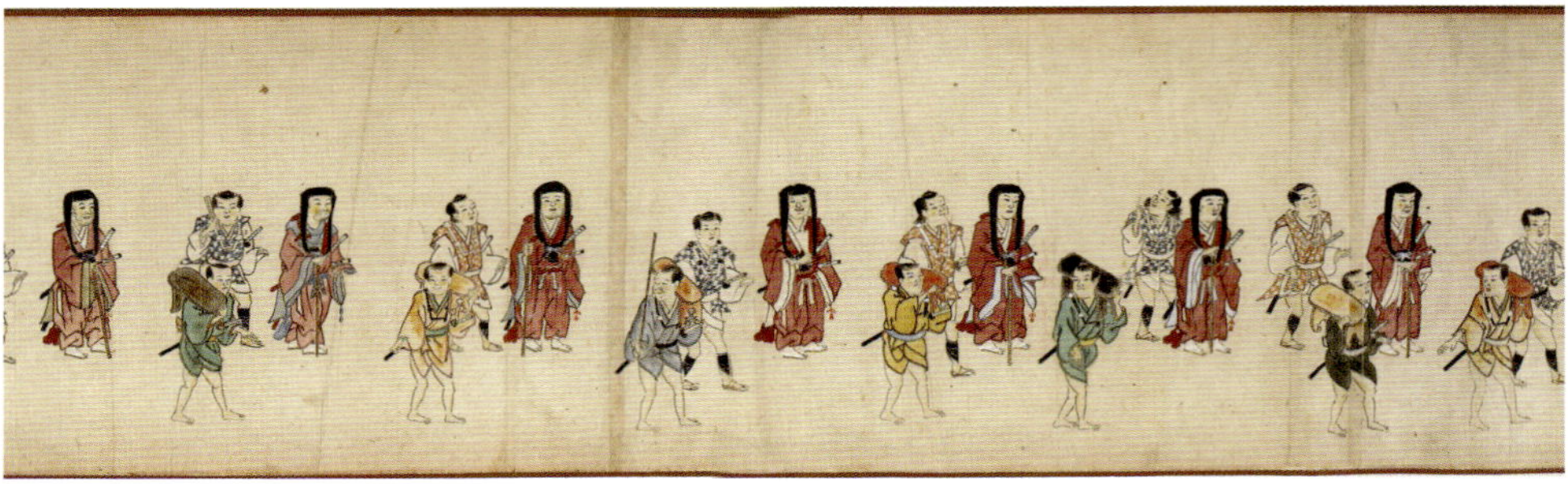

（4）宣度芝居出仕行列 4

（4）宣度芝居出仕行列 5

第三章　豊前国の松会

檜原山松会の仏輿行列　写真提供・中津市歴史民俗資料館

豊前六峰と祭礼

松会《まつえ》は、豊前国の修験道彦山派に属する寺院特有の祭礼である。修験道廃止以前は、陰暦二月、国土安泰・五穀豊穣を祈願する神事として執行されて来た。降臨する神を、松庭に起立する巨大な柱松に迎えるところからその名があった。かつて、彦山霊仙寺《れいせんじ》を中核として豊前六峰と呼ばれていた修験道場のうち、普智山等覚寺・蔵持山宝仙寺・求菩提山護国寺・松尾山医王寺・檜原山正平寺《しょうへいじ》（ほかに福智山金光明寺《こうみょうじ》を加えて六峰）にその伝承が裏付けられ、いずれも年中諸祭の中心をなしていた。

明治初年の神仏分離・修験道廃止以後は、山伏の離散とともに昔日の面影を失い、蔵持山では早い時期に消滅したほか、他の諸山でも断片的にわずかに特殊神事として、国家神道による神社行事の中に組み込まれて継承されているにすぎない。

現在、英彦山神宮を始めとして、京都郡苅田町等覚寺の白山多賀神社、豊前市求菩提山の国玉神社、築上郡上毛町の三社神社、中津市の檜原山正平寺に遺る松会神事には、それぞれに特徴がある。

①普智山等覚寺…色衆の田行事や刀衆の除剣の長刀の舞、そして施主の幣切りなど。
②求菩提山護国寺…色衆の田行事や神歌など。
③松尾山医王寺…色衆の田行事や風流（色衆の楽）など。
④檜原山正平寺…色衆の田行事や神仏習合時代の古色蒼然とした祭の本来の姿である。

多くの研究者は、右に記した山々の断片を相互に繋ぎ合わせると、かつての豊前修験道の祭礼の姿がかなり鮮明に浮かびあがってくるという。

豊前国の松会神事（求菩提山を中心として）

一、求菩提山の史料にみえる松会

祭礼、松会研究についての根幹をなすのが彦山の『官幣小社英彦山神社古来伝来之祭典旧儀並音楽書上記』などの古文書類と、『英彦山祭礼絵巻』である。そして今一つが、英彦山で今日まで挙行されている御田植祭・神幸祭である。こうした史料は第二章で述べた通りである。

英彦山で成立した松会神事は、豊前六峰に伝わり、各霊山（ただし蔵持山では明治の早い時期に廃絶。福智山は不明）で伝承されてきたことは述べた通りである。ここでは、求菩提山の史料を元にして若干述べておこう。

さて、求菩提山護国寺時代の松会は『求菩提山雑記』に、

> 二月十八日、政所の院に長床已下衆徒を会して松会の祭式を内儀す。盛一臈色衆刀衆の両派に標札を配り、神事の諸役を定め、佳例の作法を試む。
> 同二十六日、盛一臈の坊に百数十人衆徒を会し、挂例の松の軸を巻、大綱せ整、又仁王妙典を購読し、種々の古例を執行ふ。
> 同二十七日、松会の庭に拾三尋の柱を建、祭礼の道場結構す。又今日権現奉幣のことあり。
> 同二十八日、両所の神輿を北山殿の庭に神幸なし奉り、捧幣其外いろいろの修法あり。政所の当務此日の祭会を典る。
> 同二十九日、松会の祭礼座主已下臈悉く松会の庭に出仕して、両所の神輿を北山より此所の旅殿に移し奉り、蘋蘩百味の尊厳に、幣帛を捧げ奉り、宝祚長久四海の泰平を祈る。又盛一臈両派の内色衆の一派は神前にして農作のことを学び、神歌を謡ひ、春種子を蒔より、秋苅収るまでの業をまなびて、百穀の豊饒を祈り、刀衆一派は斧鉞刀剱を揮、武徳によつて四海を鎮る義を顕し、天下泰平を祈り、其外種々の作法を勤、終りに盛一臈の当務黒衣に黒袴を着し、班笠《あやがさ》を冠りて松柱の上に登り、修法畢りて其柱休め、神事を満行す。松会の祭礼は義深く事繁くして詳に記しがたし。

と記載されている。『求菩提山雑記』は天保六年（一八三五）に書かれた文書であるから、祭儀の模様はその頃のものである。これは幕末期のもので、修験道としてはやや全盛期を過ぎていたが、それでも安政三年

頃の小倉藩の『人別帳』の求菩提山の人口は男一九三人（但出家山伏俗人）・女一四八人（但山伏俗人の妻子）計三四一人と記録されてあるから、まだ盛大な松会を営むには充分であったろう。

求菩提山の全盛期は現存する仏像や処々に散見する歴史的記事などから、頼厳上人が出た平安末期～鎌倉、室町時代と推察される。この山が英彦山や等覚寺のように戦国大名間の争いに巻き込まれなかったのは、宇都宮氏の信仰や庇護が厚かったせいであろう。もう一つは、群雄割拠の時代、たくみに戦乱を避けえた術を持っていたからでもあろう。第二章でも記したように、松会という祭礼は地方としては、華美な祭礼であった。

二、松会の日取りと名称

前文についてもう少し説明すると、行事の内容は、二月十八日に諸役決め、二十六日の松柱準備、二十七日が中宮下の松庭に松柱を建てる「松起し」、二十八日が神幸式の準備、二十九日がいよいよ松会当日。この日は、多くの善男善女の拝観者に取囲まれて神幸式・田行事・幣切りなど盛りだくさんの行事が挙行される。

松会神事の前にもう一つの行事、つまり塩会がある。塩会とは、いわゆる塩汲みのことで、潔斎のため求菩提山では一月二十八・二十九日に八屋の明神ヵ浜まで下って塩水を汲む行事のことである。前記した文面で明らかにしたように、松会を司るのは施主盛一﨟の当務（祭主もしくは奉行）で、奉仕したのは盛一﨟の両派色衆刀衆（英彦山では両輪）。長床は極﨟、盛一﨟は高位に入ると共に上級の階級の名のことである。

ことに、松会の神事掛かりは盛一﨟の色衆と刀衆で、色衆が田行事・獅子舞・風流などの踊りや演芸関係の奉仕組。一方の刀衆は、除剣（長刀）、かい行事（斧鉞行事）など武辺ばった技芸の奉仕組のことである。

参考のために、各霊山の日取りとして記した。求菩提山では二月二十九日、等覚寺・松尾山も同日、檜原山が同月十五日。明治以降は陽暦に替わって、求菩提山が三月二十九日、等覚寺が四月第三日曜日、松尾山は四月第三日曜日、檜原山は四月第二日曜日（英彦山は松会という名を用いず、祈年御田祭として三月十五日、神幸祭は四月第二土、日曜）。このように、同じ行事でも各霊山にとって名称や用語が異なる。このことについて、もう少し説明を加えておこう。

一、松会諸役定め…祭礼に先立ち役割、受持をきめる座のことである。求菩提山では松会諸役定め、等覚寺では役出し座、松尾山では地願座、檜原山では頭役座と呼んでいる（英彦山では松盛諸役定め）。

一、塩会…求菩提山では塩負、等覚寺では塩かき、松尾山では塩くみ、檜原山では塩汲みと呼んでいる。求菩提山は八屋の明神ヵ浜に下る。等覚寺が祓川河口近くの蓑島海岸に下る。松尾山が八屋に下る。檜原山が中津市の三百浜まで下る（英彦山では、お潮井採りと呼んで行橋市沓尾海岸「姥ケ懐」まで下る）。

一、注連卸し…境内、坊家に注連縄を張って、一山斎戒に入る。この日求菩提山では当務請取座が行なわれた。

一、柱起こし…松庭に幣切り行事の松柱を建てることである。求菩提山では柱松起こし、等覚寺では柱起こし、松尾山では松柱起こし、檜原山では松柱起こしと呼んでいる（英彦山では松おこし）。等覚寺だけが、現在も行なう。

一、神幸祭…神輿を北山殿から、松庭の旅殿（浮殿）に移すことである。各霊山とも二枚の大札（色衆盛一臈・刀衆盛一臈と書いてある）を前に仏輿三基（三所権現であるから）を繰り出して行列をする。なお、「英彦山大権現祭礼松会之図」第二巻「三所権現御幸　座主出仕行列春峰入行列」（以下『英彦山絵巻』という）に描かれた行列は、想像しえないほどの豪華な神幸祭であった。なお、檜原山では仏寺時代の古式の様相を止めているので神輿の御神体は仏像で、仏輿ともいう。

一、田行事…松庭の旅殿の前で行なわれる。求菩提山、等覚寺、松尾山、檜原山ともに慣例を守っている。なお、松尾山では発掘調査によって往時の松庭が確認されており、そこで祭が挙行されている。

一、流鏑馬…『英彦山絵巻』に具体的にみえるが、現在はみな途絶えている。

一、獅子舞…これも、等覚寺と松尾山・英彦山のみが行なう。

一、斧鉞行事…求菩提山では「かい」行事というが、途絶えた。

一、長刀行事…等覚寺は、二人役と四人役の演目を行なう。

一、風流（楽打ち）…この演目は『英彦山絵巻』にみえているが、英彦山では途絶えた。松尾山では、現在も伝えて実演している。

一、幣切り行事…祭礼松会のハイライトで、現在は等覚寺のみが挙行している。

一、柱休め・受取り渡し…柱休めは祭の幣切りが終了した翌日、松庭で行なわれる。受取り渡しは、今年の施主から来年の施主へ役目を渡す儀式で、神殿にて行なわれる。史料は天明以降のもので表紙に『盛一臈御潤番帳』と記載されている。

この他に各霊山に特色のある行事が合わせて行なわれていた。例えば『英彦山絵巻』にみえる春峰入りと結びついた宣度祭、笈掛紅梅などである。古来の松会は、今日思いつかないような豪華な祭礼であった。

等覚寺の松会

国指定重要無形民俗文化財

所在地　福岡県京都郡苅田町大字山口字等覚寺（白山多賀神社）

祭の日時　四月第三日曜日午後

一、等覚寺の位置と歴史

カルスト台地として著名な平尾台の東北部、標高約四一〇メートルに等覚寺の本谷と北谷両地区が位置する。本谷側の小高い山麓は照葉樹林の巨木の社叢林で、その中に白山多賀神社が鎮座する。神社から西へ約一キロの所には、平尾台最大級の鍾乳洞窟の奥ノ院青龍窟があって、豊玉姫を祭神として祀り、祭壇には釈迦三像も祀られていた。この青龍窟は松会の施主盛一臈が峰入りの際の最後の修行場で、祭神豊玉姫にまつわる不思議な伝承が伝わる。

「宇佐大宮司宇佐公有下安」弘安元年（一二七八）十二月四日によれば、京都庄は宇佐宮領のうち京都郡内に散在する常見名と呼ばれた所領が安元元年（一一七五）に庄号されたもので、十五名からなっていた。宇佐宮領の京都庄を構成していた稲光名は京都平野の北西部、小波瀬川に注ぐ白川の右岸一帯に比定される遺称地であるが、建久八年（一一九七）の「豊前国図田帳」（「到津文書」『鎌倉遺文』二）に宇佐宮領として「稲光五十丁」とみえる。

嘉禄二年（一二二六）十月二十六日の関東御教書案（同文書『鎌倉遺文』五）によると、宇佐宮大宮司家が相伝していたらしく、権大宮司宇佐公政が舎兄公隆による「京都庄稲光名田」押領を幕府へ提訴している。貞和二年（一三四六）十月十六日、宇佐宮の大神宮義らは田部円妙に「いなミつミやう」を売却している（「擬大宮司兼祝宮義・神主宮連署売券」「永弘文書」『南北朝遺文』九州編二）。

室町期に入ると宇都宮氏庶流の山田氏が勢力を伸ばしたようで、稲光の国崎八幡神社所蔵の永享七年（一四五三）二月上旬の銘をもつ棟札に大旦那として山田盛政の名が記されている。明応八年（一四九九）豊前を一時的に制圧した大友親治は文亀元年（一五〇一）稲光五〇町ほかを田原千代若丸に預け置いている（五月二十八日「大友親治知行預ヶ状」「田原文書」『大分県史料』一〇）。

その後山田氏が取戻したが、山田隆朝は弘治三年（一五五七）十二月十三日、再び豊前に侵攻した大友氏に抵抗して没落し、稲光四〇町は志賀親度に給与されてしまった（「志賀親度知行坪付」「志賀文書」『熊本県史史料中世篇』二）。

『太宰管内志』や地元に残る『普智山等覚寺縁起』などの史料によれば、等覚寺は天平六年（七三四）、奈良東大寺の慧空《えくう》が開山したと伝える。弘仁年中（八一〇〜八二四）に焼失。天長七年（八三〇）涅槃が再興、天暦七年（九五三）谷之坊覚心が修験の法を始めた。『太宰管内志』によれば、永和年中（一三七五〜一三七九）堯賢のとき隆盛を極め、子院《しいん》三〇〇余坊を数えたという。

この記述に若干の誇張があったにせよ、当山の最盛期の姿を示唆している。応永年中（一三九四〜一四二八）、兵乱で多くの僧が戦死して衰退したと伝える。

豊後の大友氏と周防の毛利氏による抗争が展開され

た永禄年間（一五五八～一五七〇）、永禄八年五月、豊前支配の貫徹を目指す大友氏は「長野筑後守成敗」に出兵（五月二十二日「毛利元就書状」萩藩閥閲録三）、七月二十二日に「長野筑後守里城」を取崩し（八月二日「大友宗麟感状」「佐田文書」『熊本県史料　中世篇』二）、八月十三日には長野城に攻め寄せている（八月二十日「大友宗麟感状」同上など）。

同年十一月八月、九州に渡海した毛利氏の軍勢は、同年九月三日に大友方であった長野氏の籠る長野城を包囲して攻め寄せ、近隣の三岳城・等覚寺城を攻略したという（年未詳「某覚書案」「到津文書」『大分県史料』二四）。以後、長野氏は大友氏を頼って、馬ヶ岳城に移ったらしい。

現在の白山多賀神社が鎮座する山麓の外縁部に複雑な畝状空堀群が敷設されており、前記した等覚寺城と称されたことを傍証する遺構で、当山の山伏らも毛利軍と戦い、全山は灰燼に帰したであろう。つまり、当山の山伏らは企救郡に勢力を張った長野氏らと供に豊後国の大友配下となった。

応永五年（一六〇〇）、黒田氏が筑前国に転封後、豊前一国と豊後の一部の領主として丹後宮津から細川忠興氏が豊前中津城に入部。元和十年（一六二二）の（「京都郡惣庄屋稲光某申状案」永青文庫）によると、山伏二人が当地に居住していたが、作高三十石ほどに対する役儀を免除してもらえれば、倅たち後継の山伏として退転させずに済むと願い出ており、かなり衰退していた。

小倉藩主が入部すると、往時ほどではないにせよ、若干復興したことがうかがえる。そのことを示唆するのが『京都郡旧記』で、その末尾に「当時僧坊数、四拾六軒なり」と記される。小笠原家歴代は領内廻郡のおり、等覚寺を参拝するのが例であったと『京都郡誌』に記されている。

『小倉領寺院聚禄』に諸山として「普智山等覚寺」と記されている。上宮に白山大権現を祀り、講堂には十一面観音が安置されていた。明治初年の神仏分離に寺を廃して白山多賀神社と改められ、現在に至る。

つまり、等覚寺松会のおおよそは中世ではなく、近世の小笠原の庇護以降のことである。

1　柱起こし1

2　柱起こし2

3　柱起こし3

4　柱起こし4

二、等覚寺の松会概略

当山の松会神事は松庭に松柱を立て、幣切り、そして最後の柱休めまで一応整っている。ここでは、松会の最初～最後までの日程を記しておこう。

等覚寺地区の人々は山伏の子孫であるが超過疎化で、親類や近隣の里山の人々の協力がないと祭が執行できない。勿論、祭礼に奉仕したのは男性陣であるが、裏方の女性の支えが欠かせない。

四月の第一日曜日、柱起こし。早朝から神社に初穂を献じ後、松庭の清掃。松柱は高さ三三尺で、藤葛を三十三カ所巻付ける。頂上は十二支とも、須弥山の頂上の忉利天《とうりてん》とも称される柵を取付ける。古老の読経後、午後から柱起こしが始まる。松柱が立つと、廻りを添え木で支える。松庭に松柱が起立すると、今年の祭りの主役を務める施主盛一臈が頂上に登って白帛を立てる。

第二土曜日は注連卸し。坊家に注連を張って、一山斎界に入る。男性は注連縄や、大御幣作りなどが始まる。女性は祝いのモッソ造りなど（次の日の下の三集落から奉納される大綱のお礼）。

5　柱松起こし（「英彦山大権現祭礼松会之図」（英彦山神宮蔵、写真提供・添田町）

7　綱運び

6　綱打ち

完成した注連縄・大御幣は施主宅の神殿等に供えられる。午後、大御幣が奥ノ院青龍窟（祭神　豊玉姫）の祭壇にも奉納される。

第二日曜日の午前、神社神棚にて御座（松会ナラシの座）。午後、下の三地区（稲光・谷・山口）から大綱奉納。松庭に起立する松柱に奉納された藁の大綱を取付ける。なお、大綱は龍で（ナンダ龍王・バツナンダ龍王・シナカラ龍王）、長さ二百尺・直径六寸。松庭が整うと、施主盛一臈は松柱の頂上に登って幣切りを行なう。この日は神が神殿にいるため、神殿の方向に向かって行なう。

第三土曜日の早朝から施主盛一臈は山伏姿の介添え二人を従えて徒歩で行橋の簑島海岸まで塩汲み。海岸に到着すると、施主は海に入って禊。竹筒に海水を汲んで神社まで帰り、神殿と自宅を塩水で祓い清める。

祭当日の第三日曜日の早朝、施主は近くの小川に注連縄を張った場所で禊を行なう。午前中、神殿で神輿に神移しの儀式（元々は三所権現なので、神輿は三基であったが、今は一基のみ）。午後一時頃になると、いよいよ神殿から松庭の御旅所までの短い行幸が始まる。

料金受取人払郵便

博多北局
承認

7067

差出有効期間
2016年3月13
日まで
(切手不要)

郵便はがき

812-8790

158

福岡市博多区
奈良屋町13番4号

海鳥社営業部 行

通信欄

通信用カード

このはがきを，小社への通信または小社刊行書のご注文にご利用下さい。今後，新刊などのご案内をさせていただきます。ご記入いただいた個人情報は，ご注文をいただいた書籍の発送，お支払いの確認などのご連絡及び小社の新刊案内をお送りするために利用し，その目的以外での利用はいたしません。

新刊案内を［希望する　希望しない］

〒　　　　☎　　（　　）

ご住所

ご氏名《フリガナ》　　（　　歳）

お買い上げの書店名　　**豊前国の松会**

関心をお持ちの分野

歴史，民俗，文学，教育，思想，旅行，自然，その他（　　）

ご意見，ご感想

購入申込欄

小社出版物は全国の書店、ネット書店で購入できます。トーハン，日販，大阪屋，または地方・小出版流通センターの取扱書ということで最寄りの書店にご注文下さい。なお、本状にて小社宛にご注文下さると、郵便振替用紙同封の上直送いたします。送料無料。なお小社ホームページでもご注文できます。http://www.kaichosha-f.co.jp

書名		冊
書名		冊

8　綱かけ

9　幣はぎ１

9　幣はぎ２

10 施主の神殿と大幣

行列の構成は田行事を司る色衆（陰神）、除剣等を司る刀衆（陽神）、それに色衆の楽打ちと称される踊り子などからなる。これらの神事両輪（色衆と刀衆など）を従えるのが、今年の主役の施主盛一臈。神輿が所定の位置に鎮座する。

なお、祭礼の順序は鬼会から始まり、施主の種蒔き→獅子舞→田打ち→田植え→おとんぼし→昼飯持（ここまでが色衆の演目）→長刀舞→鉞舞→長刀舞（ここまでが刀衆の演目）→色衆の楽→施主の幣切り。

一、種蒔き…施主の装束は白の鈴懸に、白と藍の碁盤縞のタッツケ袴、白襷。腰に大刀を差す。頭に頭巾を付け、花笠を冠る。足下が赤青の糸で千鳥がけした脚絆、白足袋、白緒の草鞋。一人で神輿に向って一礼、拍手、祭文を読み終わって神前の供えてある籾種を右左の背後に投げ、その後に松柱の廻りに蒔き、残りを参拝者に分ける。

11 御座

12 塩会へ向かう施主

13 塩会（蓑島海岸） 1

14 塩会（蓑島海岸） 2

15 斎庭へ向かう行列

16 神への玉串の奉納

17 施主の斎庭への籾種蒔き

18 流鏑馬（昭和 30 年代）

一、獅子舞…雄雌の獅子舞。獅子の中には山伏二名がそれぞれ入っている。

一、田打ち…十歳位の児童の踊り子十二人が出演。紺絣の着物、モンペ姿、花笠を冠り、足下が白足袋に草鞋。先を五色の紙で飾った二尺余の木製の鍬を持ち、輪を作って並び、傍らで長老の歌う御神歌（田打ち歌）に合わせて。地を打つ真似をする。

一、おとんぼし…男一人出演。頬冠り、紺地の白の大柄な渦巻き模様の野良着姿、草鞋。一人で草刈りから水止め、畦塗り、田鋤までを演ずる。一人で鎌・鍬・馬杷などの諸道具を持って、「おとんぼし、おとんぼし」とよびながら出てくる。鎌で畝切りの真似「あら、蜂がでた」といって、飛びずさって尻もちをつく。ついで鍬でせっせと水止、畦塗り。いよいよ田鋤になり馬杷を取り出すと、あらかじめ参拝者にまじっている山伏との門答になる。

「おとんぼし、おとんぼし、牛しゃおらんか」

そこで山伏が答える。「牛しゃおらんよ」するとその百姓男は、ブツブツ小言をいいながら、「この広はつちよに、牛がおらんとは情けないことよのう。三石六斗とる男衆でさえ昼寝する。どりゃ、おれも一眠りするか」

そして無造作に地べたに手枕でころりと横になる。そらいびき。時々、ぶと（ぶよ）や虻《あぶ》を払う手つき。やがて、ふと眼が覚めて起き上がると、再び問答にな

19 鬼会 1

20 鬼会 2

21 獅子舞

22 田打ち１

23 田打ち２（神歌を唱う古老と田打ち）

24 田打ち３（おとんぼしの昼寝と田打ち）

25 田打ち４（孕み女の所作）

る。

「おとんぼし、おとんぼし、牛しゃおらんか」すると、今度は山伏が、「牛しゃおるよ」と答える。「そりゃ、どこに」と男はいう。山伏が「肥えまんぶくれて、四王寺が荒谷にて草を喰うて、瓢箪のごと、饅頭のごと、ぬらぬらしよる」と答える。すると男は「それなら、早う牛を追うてこい。暮れんうち、ずらずらやってしまおうか」

と答える。そこで田鋤きの真似がはじまる。

まるで方言の丸出しだが、この問答体には〝田楽〟が取り入れられているという。〝おとんぼし〟とは、農事を守り助けるありがたい神としての田の神は、祖霊が化けたものであろうと考えたりした。春先の農耕を始めるころに、山の神を迎えて、秋の取入れまで里にいてもらい、収穫が終ればこれを山の方に返す。つまり、山の神信仰の〝案山子〟を取り入れたものという。

一、田植え…前の児童の踊り子の出演。草苗には〝コキリコ〟と呼ぶ長さ六寸位の竹の両端に五色紙で飾ったものを用いる。輪を作り、長老の御神歌

26 長刀舞（二人役）

27 鉞舞

28 長刀舞（四人役）

29 楽打ち 1

（田植え歌）に合わせて、立ち止まったり、廻ったり、互いに向き合ったりしてコキリコを地に植える所作をする。

一、昼飯持（孕み女）…男の女装で一人出演。桃色の派手な長襦袢を着、座布団で腹を膨らませ、木の椀に山盛りの飯を持って出て来る。この山盛り飯を上高く捧げながら、田植えの踊り子らに一人一人に挨拶してまわる。さて、立ち去りながら、狡猾な仕草で手鼻をかみ、女の立小便を細かく演じて最後に「みんな、どなたもどろどろも打ちなさんな。夜は胡椒だんご」と言って、さんざん拝観者を笑わして立ち去る。なお、孕みには感染呪術の意味がこめられている。

これで色衆の田行事の演目が終了する。以後は刀衆の武辺ばった演目となる。

一、長刀舞（二人役）…文字通り山伏二人が登場、二人で行なうので、初役という。頭に兜巾戴き、装束は白の篠懸に白袴に頸から輪袈裟を提げ、足下が脚絆に白足袋に草鞋。口には榊の葉を一枚含み、無言で演技の所作をする。肩に長刀をそえて

30 楽打ち2

31 神に祈る施主と柱松

32 柱松に登る施主

33 柱松の上で祈願文を読む施主盛一臈

登場。まず足踏みから拝礼、長刀を投げてのやりとり、矛先を合わせて交差したり、あるいは柄を合せ、右手でくるくるとまわすなど、一定の作法で行なう。その所作を中通し、横ぜりという。ちなみに、長刀舞には悪魔払いの意味がある。

一、鉞舞…長刀舞の装束と同じで、二人で演目を行なう。重量九キロの鉞を二人が向かい合って鉞を振ったり、打ち合ったりする。演目はカタアゲ・キリメグリ・ワタシ・ハアワセ・ヒラアワセ・エアゲ・サンゴノイン・タタギリ・カキ・オシマワシの十番という。なお、鉞は呪物とされ、この舞は平成九年に復活したものである。

一、長刀舞（四人役）…山伏四人で行なう。演目は二人役とほぼ同じ。

ここまでで、刀衆の演目が終る。

一、色衆の楽打ち（風流）…締太鼓二人とヒンササラ二人が演じ、外の列に数名横笛吹き（白川小学校の児童）。上下の白装束・白襷、頭に赤の縁取りの綾笠を冠り、足下が白足袋に草鞋。輪を作って楽器を打ちながら廻る。如何にも、古風な舞である。なお、色衆の楽は平成十四年に復活ものである。

これで神事両輪と称される演目と、色衆の楽打ちの全てが終了する。このの ち祭礼のハイライトである施主の幣切りとなる。

一、幣切り…施主の装束は前に記したとおりである。山伏がろうろうと法螺貝を吹く。すると、施主は口に榊《さかき》の葉を一枚口に含み、神輿の前に進み出て栢手、一礼をして神前に供えてある大御幣をいただいて、松柱を左廻りに三周する。

法螺貝の音色が、いよいよ高く全山にこだまする。縄梯子の前に進み出た施主は、静かに松柱の頂上を仰ぐ。白襷で背中に大御幣を背負って縄梯子を登り、そして葛を頼りに左廻りによじ登る。頂上に着くと、施主は御旅所の神殿に向かって一礼した後、口の榊の葉を破り捨てる。そして、背中の大御幣をほどき両手に持って天地四方を祓い清める。

次いで施主は懐から祈願文をだして「謹啓普智山上に鎮座します白山多賀神社の大神に、施主何某曰く、五穀成熟の御為に、今此の松庭において、獅子舞、種蒔き、田打ち、おとんぼし、田植え、孕み女、長刀、鉞、楽打ち、松役の行事を厳修し、なお、この山に於いて施主神の代人となって、天下泰平、国運盛昌、万民安楽の御為に、この大御幣、二十二大天、四大天、五大明王、日本中大小の神祇を勧請し、奉る「アマツミソラツタヒクシタマチ」、降臨し給う諸大明王、大小の神祇、魔を降服し、万民の七難を即滅せんことを「オンバラダトバン」、国運隆昌、各円満乃至法界平等、利益の御為に、天地四方を祓い清む。願はくは、施主悃願を哀愍納就せし給え。

○年○月○日　施主○○○○」

と読む。

祈願文を読み終わると再び懐に納める。やおら右手で腰の大刀を抜き、左手の大御幣の幣串を「えい」の一声とともに切り落とす。すると、切り放たれた青竹は虚空から真っ逆さまに松庭に落ちる。その一瞬、全山の参拝の人々の声でどよめくような声が轟く。そして、施主は大御幣を大刀で切り落とすと、純白の御幣はひらひらと松庭へと舞落ちる。これこそが、降臨した神が龍（雨の精）を伴って、あらかじめ台地に蒔かれた籾種が混交した瞬間である。つまり、陰神と陽神が結合したことを意味する。まことに、奥深い豊の国の儀礼である。

純白の御幣を競って参拝者が拾うが、これを自宅の籾種に混ぜ合わせると豊作間違いないと伝えるからである。法螺貝の音色が鳴り響く中、施主盛一臈は松柱から降りて、無言のまま介添え二人を伴って自宅の神殿に帰る。

祭の翌日は柱休めで、それが終ると次年度の施主への受け取り渡しが神殿で実施される。

三、等覚寺松会の神歌（田打ち歌と田植え歌）

田打ち歌

一、おんぎ笠きて　今年の歳の首の春田をば　何とかおろす　などのま　うつての小槌　だーらりだーと　おろしてえんやすろん　えーんの

一、おんぎ笠きて　今年の歳の首の春田をば　白銀の釣瓶おろして　水汲むよ　水諸共にと　水を汲むんや　えんや　すろんのえーんや

34 天地四方を清める施主

一、上の町も千町よ　下の町も千町よ　中の町も千町よ　合せて三千町のみよざくら　うたせ給えみしとしぞ　えんや　すろんの　えーの
田植歌
一、えい　うぐいすは　えい　竹のうち　さえずるは　えい　竹の中
一、おんぎ笠きて　いでやまわる
一、おんと　とんび　すはやー　まわろう
一、えいア　さはかには　えい　とびのうえ
一、えい秋刈りては　えい　倉の下積み

35 大刀で幣串を切った施主

36 大御幣を切る施主

四、等覚寺松会のまとめ

なんといっても柱起こしから始まり、神事両輪の各演目、風流の楽打ち、そして最後の施主による幣切りまでが一応整っている。個別の演目では、色衆の御田植えに、おとんぼしという山の神信仰を取り入れている。つまり、山の神が春里に降りて、田を守るという伝承に起因している。もう一つが神歌のことで、まるで方言丸出しであるが、この問答には「田楽」の名残が認められる。

刀衆の長刀の舞には、古式の所作を残している。最大の特徴は、何と言ってもハイライトの幣切りにある。

施主盛一臈は、松会神事の象徴の松柱に登り、頂上で天地四方を祓い清め、祈願を読んだ後、幣串を切り落とす。最後に白幣を切り落とすのであるが、これは春の予祝神事の象徴である陰陽混交になった意味を具現化している。（等覚寺松会の写真は、1－4、6－10、18は苅田町教育委員会生涯学習課まちの歴史担当の提供、他は桑原恒治氏撮影）

英彦山の松会と御田祭・神幸祭

所在地　福岡県田川郡添田町英彦山
松会神事　日時　大晦日～正月元旦
汐井採り　二月末日～三月一日
祈念御田祭の日時　三月十五日
神幸祭　日時　四月第二土曜日～日曜日

一、英彦山の位置と歴史

英彦山（一一九九・六メートル）の北西に英彦山神宮が鎮座する。祭神は天之忍穂耳命《あめのおしほみみのみこと》（北岳）・伊邪那美命《いざなみのみこと》（南岳）・伊邪那岐命《いざなぎのみこと》（中岳）。

表参道の入口には、肥前佐賀藩主鍋島勝茂が寄進した銅の鳥居が、石段を登ると左側に雪舟作と伝える旧亀石坊《かめいしぼう》庭園がある。下宮にあたる本殿奉幣殿は当社最大の建物で、英彦山霊仙寺の大講堂ともいう。天平十二年（七四〇）に藤原清足が創建したと伝えるが、現在のものは元和二年（一六一六）に小倉藩主細川忠興が再建。境内にある梵鐘は文禄三年（一五九四）十二年吉日の年紀を持ち、毛利久吉勝が彦山霊仙寺に寄進したものである。本殿の背後を登ると中宮・上宮に至る。

古来から山の神として信仰され、御祭神が天照大神の御子天忍穂耳命であることから、「日の子の山」即ち「日子山」と呼ばれていたが、嵯峨天皇弘仁十年（八一九）、詔によって「日子」の二文字を「彦」に改められた。

九州の修験道の中心として彦山（彦山権現・彦山神社）と称したが、享保十四年（一七二九）に霊元法皇により彦山に「英」の美称を冠した英彦山の勅額が下賜され（「英彦山文書」『彦山来歴記』）、英彦山大権現を唱えた。なお、彦山を権現とする早い例として、仁平二年（一一五二）の人聞菩薩朝記（「石清水文書」『大日本古文書』四－五）、現在庄内町筒野の権現谷にある養和二年（一一八二）八月四日の年紀を持つ五智如来像板碑がある。明治初年の神仏分離までは霊仙寺の寺号を有していたが、以後修験道は廃止され、英彦山神社となる。昭和五十年（一九七五）、英彦山神宮と改称。

〔古代〕開山をはじめとする古代の彦山についての史料は少なく、多くを縁起類に頼らざるを得ない。現存する当宮の縁起は『彦山流記』（撰者未定）、『鎮西彦山縁起』（祇暁撰）、『豊之前州彦山縁起』（弧巌撰）の三書である。『彦山流記』は、原本とみられる高千穂家所蔵本に建保元年（一二一三）七月八日の奥書があることから、最古の縁起とされる。但し、建保改元は十二月六日であるために紀年に疑問が残る。『鎮西彦山縁起』は元亀三年（一五七二）三月十一日の奥書を持ち、原本が高千穂家（但し前欠）、完全な写本が高田家に所蔵され、『豊之前州彦山縁起』は奥書に元禄七年（一六九四）とみえ、蒲池家所蔵本を始めとして多くの写本がある。

　これらの縁起によると、継体天皇二十五年に入山した北魏の善正法師に豊後国日田郡の藤原恒雄が遭遇し、忍辱と名を改め、善正が持参した神像を祀った。あるいは甲寅年（五三四）に彦山が中国天台山の王子晋の旧跡を経て彦山に登り、地主神が当山を彦山権現に譲ったなどという仏教伝承もある。また葛城山で修行した役行者小角が彦山に入山し、その後再三唐へ渡ったという修験道の伝承、天忍骨尊が降臨したという神道伝承などがそれぞれに記されている。

　なお『太宰管内志』には、大己貴命が日胤尊に当山を譲ったため日子《ひこ》山と名付けられたとする寛弘年間（一〇〇四〜一二）の『彦山記』が引かれているが、詳細不明。

　当社に関する確実な初見史料は、寛治八年（一〇九四）の彦山衆徒蜂起事件に関するものである。同年五月五日、大宰大弐藤原長房は大宰府管内における彦山衆徒の蜂起により、赴任後わずか一年で帰京し半大弐と揶揄された（『中右記』寛治八年五月五日、二十五日条、『本朝世紀』康和元年九月九日条）。詳しい事情は不明だが、「安楽寺弥勒寺彦山」が長房上京の間に闘乱に至っており（『中右記』寛治八年六月五日・九日、同十月三十日条）、背景には安楽寺・大宰府と宇佐弥勒寺・彦山の所領争いが推察される。

　永久元年（一一一三）十一月二十七日には彦山住僧厳与が経筒を埋納しており（「同経筒銘」『平安遺文』金石文編）、彦山における弥勒信仰がうかがえる。

　永暦元年（一一六〇）、京都東山に勧請された仏聖灯油料として庄園二八カ所が寄進され、その一つに「豊前国彦山」がみえる（養和元年十二月八日「後白河院庁下文案」「新熊野神社文書」『平安遺文』八）。前掲『彦山流記』には彦山四十九窟の八番目に今熊野《いまくまの》窟（実際は今熊野社）が記されており、遅くとも十二世紀までに熊野信仰の影響が及んだとされる。『梁塵秘抄』に筑紫の霊験所の一つとしてその名がみえる。

〔中世〕建久元年（一一九〇）九月十六日の「大乗金剛髻珠菩薩修行奥書」（興聖寺蔵『大日本史料』一五）に「彦山三所権現」とみえ、当社の貴水をもって僧良祐（色定）が書写したとある。色定は当社において建久元年頃から同三年にかけて七十巻以上の経典を書写しており、それらを所蔵する興聖寺《こうしょうじ》は宗像郡田島に所在する。同寺所蔵の色定法師木造には、仁治二年（一二四一）の年紀とともに「筑前州宗像第一宮座主色定大法師」と刻まれている。

承久二年（一二二〇）八月日の平忠道寄進状（「旧記雑録」『鎌倉遺文』四）によれば、薩摩国の冠岳新別所《かんむりだけしんべっしょ》霊山寺《りょうざんじ》は彦山権現を本山としているという。

今一度、『彦山流記』のことを神域という側面から記しておこう。『彦山流記』によれば、彦山は天台宗の山岳寺院で、僧らは南谷・北谷・中谷・惣寺院《そうじいん》谷の四谷に住み、毎月谷講に参席して天台の教学を学んでいたらしい。同書によると、彦山の四至は「東限豊前国上毛郡雲山国中津河大《ママ》井手口、南限屋形河壁《ママ》野豊後国日田郡屋崇同大肥里、西限筑前国上座郡内把岐山同西島郷幷下座郡内円幸浦尻懸石　同国喜《(嘉)》摩郡八王子道祖神、北限豊前国田河郡岩石寺蔵持山法躰岳」で、これが彦山に伝わる方七里の神域とされる。

この神域のうちには四十八カ所の彦山大行事社（彦山七口七社四十八大行事殿ともいう）が平安期頃に成立していたと考えられる。四十八の大行事社の内訳は、山内の南坂本・北坂本・西谷・下谷・玉屋谷にある四土結界地大行事社五、求菩提山・等覚寺山・松尾山・蔵持山・檜原山・福智山にある六峰内大行事社六、豊後国日田郡林・鶴河内、筑後国上座郡福井・黒川・須川、豊前田河郡添田村・同国下毛郡の大行事社七、および各村の大行事社である。

これらは一挙に成立したわけではなく、山内大行事社の成立から始まり、六峰、山麓から各村へと順次成立していったと考えられる。なお彦山の七口は、伊良原・霊仙見・鳥居越・津野峠の四門と、宝珠山口・落合口・津野口の三口からなる。現在の今熊野窟付近の岩壁に大梵字と磨崖仏が刻まれている。嘉禎三年（一二三七）六月十九日の年紀をもつ刻文には、妙文房が書与した法華経をこの地に埋め、阿弥陀三尊像を石面に刻んで三所権現を建て、梵字を刻んだとある。

元弘三年（一三三三）十二月十三日に助有法親王が彦山座主に就任した。明治初年成立の「高千穂家歴世系次」（高千穂家蔵）によれば、助有は後伏見天皇の第六皇子という。助有は妻帯したので彦山から黒川（現・朝倉市）に御所を移し、以後十四代二四〇年間は黒川で座主が山務をとったという（『彦山座主由緒』宮本家蔵）。

建武四年（一三三七）五月七日の「千葉胤泰等連署裁許状」（「河上神社文書」『南北朝遺文』九州編一）によると、肥前国河上社座主増恵と同社宮師定範との間に同国小城郡の田地二町をめぐり争いがあったが、その際に彦山先達の名が登場する。

正平五年（一三五〇）十月十八日、彦山住侶俊玄は年々初穂を進上することを条件に上毛郡柚田にある所領一町三反を檀那である跡田八郎へ譲っている（「俊玄譲状案」「広崎文書」『南北朝遺文』九州編七）。

同十六年三月五日の彦山山務下文（「余瀬文書」『南北朝遺文』九州編四）では、豊後国六郷北浦部など八カ所の代官職を国先達の宮内卿裕増に預けている。なお、建武三年七月七日に沙弥慈因が肥前国武雄の女大宮司代官員門の軍功に関して出した起請文など、建武三年から慶長十一年（一六〇六）までの武雄神社一通、肥後阿蘇家三通、薩摩島津家二十九通、肥前鶴田家七通・村田家四十七通、肥後五条家十一通に彦山牛玉宝印が使用されており、九州における広範囲な信仰圏が想定される。

文安二年（一四四五）の彦山諸神役次第（「彦山神宮文書」『福岡県史史料』八）によると、二月十四日・十五日の神幸祭・松会神事に焦点を合わせた神道系山伏の宣度《せど》行事が一月から二月に多く、ほかに朔日講・大行事講・権現講などの神事的諸講が増加し、仏教的諸行事が少なくなった。新たに三季峰入の修験行事が加わり、神事担当の色衆・刀衆、仏事担当の衆徒方、入峰担当の行者方の三組織による修験行事の確立がみられる。

『海東諸国紀』に、応仁二年（一四六八）大友氏の管下にあった座主頼有は黒川院藤原俊幸という俗名で宗貞国を仲介として朝鮮に修好を求める使者を派遣している。文明元年（一四六九）とみられる五月十一日の野辺盛仁申状（「野辺文書」『宮崎県史』史料編中世二）では筑前国の秋月種朝・千手氏・原田氏・宗像社大宮司などともに「彦磨別当黒川」の名がみえ、黒川院が武将並の扱いを受けている。これは、戦国期の彦山が武装化して自衛力を保持していたことがうかがえる。

永正六年（一五五八）、下野日光住客阿吸房即伝が、彦山華蔵院大先達承運から印信を受け（「山伏道付法印証状」「彦山修験秘訣印信口決衆」『彦山編年史料』古代中世編）、永禄元年（一五五八）六月に彦山峯中灌頂蜜蔵一巻を撰じ、弟子定珍に印信を綬与している（「同書奥書」京都大学附属図書館蔵『彦山編年史料』古代中世編）。

この間、即伝は彦山に伝来する印信・口決の収録編纂に努め、彦山大先達位を授与され、終生華蔵院住客として彦山流の儀軌の整備に力を尽くしたという。天文一七年（一五四八）三月十日に肥前国上嘉世《かみかせ》のうち田二丁が彦山に寄進され（「龍造寺胤栄寄進状」「増了坊文書」『彦山編年史料』古代中世編）、同二十三年二月吉日には同国中津隈《なかつくま》五十町分のうち三町が増了坊に安堵された（「龍造寺隆信安堵状」『彦山編年史料』古代中世編）。

天正二年（一五七四）八月二十五日の後藤貴明とも盟約の際に出された龍造寺長信・同信連署起請文（「後藤文書」『佐賀県史料集成』六）、同年四年十二月十二日の「河原豊前守への龍造寺康房起請文」（『佐賀県史料集成』）や同年十二月二十日の「鶴田高起請文」（『佐賀県史料集成』）、同七年一月二十四日の田尻宗達への「岩楯起請文」（「田尻家文書」『佐賀県史料集成』七）にも彦山三所権現がみえることからも、龍造寺氏と彦山の関係がうかがえる。

彦山も、戦国期には合戦の舞台となる。永禄十年（一五六七）十二月に彦山門坊が謀反を理由に宝珠山加賀守を殺害、同十一年一月には彦山衆徒が日田衆・玖須衆が陣取った腰原二俣嶽を攻め落とした。このため

1　英彦山神宮奉幣殿

2　英彦山神宮銅鳥居

同年六月大友勢は大行事・下宮・北山殿・講堂などを焼き、八月には中宮に城郭を構築して彦山を占領した。翌年三月座主連忠は佐田岳に挙兵。翌年五月七日、戦死、七月二十六日に彦山衆徒は大友宗麟と和議を結んだ（以上「刀衆先代帳」勝円坊蔵『彦山編年史料』古代中世編）。

　天正六年の日向耳川合戦で大友氏の勢力が減退し、代わって秋月種実が豊前に進出、座主舜有はこれと結んだ。これを知った大友方は同九年十月八日に彦山を攻撃、山徒は西谷上仏来《かんふく》山に立て籠り応戦したが、十一月二十日に大友方が放った火により上宮・行事堂など全ての堂閣が灰燼に帰したという（『塵壺衆』「大友家文書録」同上）。以後六年間にわたり合戦が続いた。

　天正十五年四月一日、豊臣秀吉によって彦山領は安堵された（「豊臣秀吉朱印状」「高千穂家文書」『彦山編年史料』古代中世編）。同十七年筑前国上座郡の座主領の検地が行なわれ、黒川村・福井村・腰原《こしはら》村の三カ村の田畠一二三町二段、分米六〇七石余であった（同年十一月十日「上座郡彦山座主目録」「就御尋書記之条々」『彦山編年史料』古代中世編）。

〔近世〕「鹿苑目録」によれば、慶長六年、小倉藩主細川忠興は旧知の大納言日野輝資の次男で京都相国寺の僧となっていた豁山玄賀の座主就任を画策し、同九月十五日に玄賀（忠有）は彦山へ下向した。これにより、当社は朝廷との結び付きを強めることとなった。『彦山編年史料』古代中世編によると、同年十月には忠興が座主領一千石、考鳳尼（舜有の室）隠居料一〇〇石を落合村で宛行い、役僧十坊に対して津野・伊良原両村などで各五十石の知行を宛行った。元禄七年には幕府の寺社奉行に対して古来より京都聖護院《しょうごいん》（本山派修験）の支配に属さない別院であるとの訴えを起こ

3　しめ縄が付けられた梵鐘

4　柱松起こし（「英彦山大権現祭礼松会之図」）

し、聖護院に対して勝訴している（同九年「寺社奉行連署裁可書写」「高千穂家文書」）。

　幕末の座主教有は鷹司家の出身で、尊王攘夷派の三条実美とも婚姻関係にあった。そのこともあり、文久三年（一八六三）三月に朝廷から攘夷祈願を命じられ、長州藩の尊攘派と深い関係を結ぶようになり、同年八月十八日の公武合体派である会津、薩摩藩によって長州藩の尊皇派が京都から追放された政変後は尊攘派の活動拠点となっていた。山内では政所坊（政所有綿）を中心に攘夷を決行しない小倉藩の小倉城攻撃の謀議が許られたが、同年十一月に山内慎重派から情報を得た小倉藩が彦山を急襲。政所坊などの尊攘派は捕らえられ、座主教有も小倉城下に拘束された（翌元治元年十月に帰山）。世にいう英彦山事件である。

二、英彦山の神事

　現在の英彦山神社の古式の様相を残す祭事は大晦日から正月元旦の松会神事、二月末日から三月一日にかけて行なわれる汐井採り神事、三月十五日の祈念御田祭、四月第二土・日曜日にかけて行なわれる神幸祭の四つに大別される。

①松会神事

　修験道時代、柱起こしは二月十三日に行なわれて終夜大講堂の洪鐘を撞き、起夫四十人が斎庭に巨大な柱松を建てた。その柱松は藁を縄で括り付け、須弥山に準じて三十三の節が作られている。柱松の頂上の忉利天には青白二色（青は万物生成の春、白が万物成就の秋を象るとされる）の幣帛が掲げられる。柱松の東西に二大龍王の大綱を張って天地四序の和平を祈願する。

　松会の最後は神事当役が柱松に登って御幣を燃やす

5　斎庭に建てられた柱松 1

6　斎庭に建てられた柱松

7　大構堂における当役の御雑餉献上（「英彦山大権現祭礼松会之図」）

護摩採燈行事で、一刀のもとに御幣を切放つ幣切りが行なわれた。万物の生成を祈り、五穀豊穣、平穏を願うため、英彦山権現の出御拠り所となる御柱を斎庭に立てる神事は松会から始まる。

　現在の柱松神事は大晦日午後五時に神職と宮総代により奉幣殿で大祓い式が挙行され、その後十一時頃から一般の参拝者による除夜祭が行なわれる。十一時四五分頃、奉幣殿で神職による採火式がある。御殿内で採火すると、その火で宮司が柱松上部の松明に点火し、元旦午前零時の合図とともに奉幣殿斎庭に集った参拝者らが一気に柱松を引き起こすという形である。最後に四隅の綱元に笹竹御幣が付けられる。その柱松は正月三日間境内に立てられ、正月詣での参拝者がお参りしているという。

　柱松神事は梵鐘の音から始まり、奉幣殿の斎庭に立てられた柱松に浄火が灯されると、暗闇の中に奉幣殿が浮かびあがる。厳粛な雰囲気の中、新しい早春に祈り、平穏成就に合掌する参拝者の人々の情景は今なお脈々と受け継がれている。

　若干、梵鐘のことを記しておこう。梵鐘には千手院

8　御潮井採り

9　昭和40年（1956）頃の御潮井採り道中

10　沓尾浜姥ヶ懐御潮井場（行橋市）

11　接待座前の貝伏せ

豪継が文禄三年（一五九四）に王屋般若窟に奉納寄進したものであったが、その後豊前国領主毛利九八郎吉勝が追銘し、英彦山霊仙寺に奉納した。その後、奉幣殿横の鐘楼で松会などの祭事に撞かれてきた。今は大晦日除夜や神幸時に鐘が撞かれている。

②汐井採り

汐井採りのことは、「松会神事の経過」の中で述べているので、ここでは省略。

③祈年御田祭（三月十五日午前）

奉幣殿での儀式の後、前の広場を松庭として、そこに注連縄を張ってお田植え行事を行なう。行事は鍬入れから田植え舞までを行なう。衣装は田植え舞を除いて、みな神職姿である。

一、鍬入れ…神官姿の氏子総代一人の出演。神官は榊・譲り葉・松枝を一束にして持ち、木製の鍬を持って上宮へ拝礼の後、その束を地面に置いて鍬で植える所作をする。傍らの神官が神歌を歌う。神歌は「国土のひろき荒れ野を田になして鍬のみ

12 田打ち（斎庭）

13 田打ち（「英彦山大権現祭礼松会之図」）

14 馬杷（斎庭）

15 馬杷（（「英彦山大権現祭礼松会之図」）

ほこにつゆたまよ」と。
一、畝切り…神官一人の出演。木製の鎌を持ち、御田の四隅の畦草を刈る所作をする。
一、田打ち…神官数名の出演。神官が木製の鍬を持って一列に並び、後ずさりしながら、御田を木製の鍬で田を耕す所作をする。
一、畦塗り…神官一人の出演。一人が木製の鍬を持ち、御田の四隅の畦を塗り固める所作をする。
一、馬杷…神官三人と台付きの木製の牛の出演。一人が木製の台付きの牛を綱で引き、一人が台車に付、他の一人が漆塗りの馬肥を持って牛の後を着いて行く。この所作の間に神歌が「塊をなおこまやかに砕けと教え馬鍬に八穂の稲」と入る。
一、種子蒔…神官一人の出演。神官が種籾を盛った三方を持って、御田の四隅に種子を蒔く所作をする。ここでも神歌が「彦の高嶺に五穀の御種子、手ににぎり神田からの仕業教えし初のみふゆあおがれて、尊みまつれ四方の諸人」と入る。拝観者は我先に、その種籾をもらおうとする。この種籾を持って帰って田に蒔くと、豊作間違いないと伝

16 種子蒔（昭和８年［1933］）

17 種子蒔

18 種子蒔（「英彦山大権現祭礼松会之図」）

えられているからである。

一、田植え・神官七人の出演…神官が手に石菖《せきしょう》の葉を手に持って田に植える所作をしながら後ずさる。

一、田植え舞…女子児童十名ほどの出演。手に菅笠を持ち、久留米かすりの着物に黄色の帯を締め・赤襷・緑の手甲、足下が脚絆に白足袋に草鞋を履く。児童が手の菅笠ふりながら、舞う時に神歌が「早苗とするしずか菅笠いにしえの手振りおぼえてなつかしかな」と入る。今はない。

④神幸祭（四月第二土・日曜日）

この日、神輿三基が奉幣殿から神官を先頭にして急な長い石段を下り、在の鳥居近くの御旅所に神輿が鎮座する。儀式が終ると、神輿の前で稚児舞と鉞の舞の二つ演目が舞われる。その演目が終了後、神輿三基は御旅所を出て長い石段を登って奉幣殿へと登る。奉幣殿前では、再び稚児舞・鉞の舞・獅子舞・流鏑馬が挙行される。

御旅所での演技

一、稚児舞…この演目は後述する奉幣殿のものと同じ。

19 田植え（斎庭）

20 田植え（「英彦山大権現祭礼松会之図」）

21 飯戴（斎庭）

22 飯載（「英彦山大権現祭礼松会之図」）

23 昭和初期の英彦山前坊舎群

24 昭和初の田植舞い

25 神輿のお下り（昭和 10 年代）

26 神輿のお下り

27 神輿休めでの稚児舞

28 神輿休めでの稚児舞

29 御旅所での鉞舞

30 御旅所での獅子舞

一、鉞の舞…白の上着の白袴、演技者二人は頭に鉢巻きを絞める。演技は二人が向き合って演じる。演目は十番まであって、カタアゲ・キリメグリ・ワタシ・ハアワセ・ヒラアワセ・エアゲ・サンゴノイン・タタギリ・カキ・オシマワシという。

中宮での演技

一、稚児舞…女の子の児童数名で行なう。衣装は白の着物に緋の袴をはき、萌黄色の狩衣着て、先頭が瓔珞を冠り、他は立烏帽子を冠る。所作は左手に榊を持ち、右手の鈴を振り、神職のたたく太鼓に合わせて三歩進んで一呼吸立ち止まる。これを繰り返しながら、約三分間S字形に進むのである。

『彦山絵巻』には彦一坊神楽があって、その姿は先頭の女の子に似ており、両手の持ち物も同じ。彦一坊の神楽の名残であろうか。

一、獅子舞…獅子は雄と雌があって、共に二人で演技する。獅子の頭は大きく高さ四五センチ・重さ三五キロ、雌はやや小さく、白黒の布を胴とする。頭の人は獅子頭の口をかつぐように持ち、後の人は棒を立てて後ろを突き上げる。演技は獅子頭を

31 獅子舞（斎庭）

32 獅子舞（「英彦山大権現祭礼松会之図」）

33 鉞舞（斎庭）

34 鉞舞（「英彦山大権現祭礼松会之図」）

上にしたまま神輿を向たり、その逆になりながら場内を一巡する。二巡目は「おまねき」といって、神の前で拝礼するように頭をたてている獅子頭を水平に下げ戻す。続いて頭を下げると同時に反動を付けて口を大きく「ガッ」と開くと音がする。これを五回繰り返す。雄獅子が終ると、雌獅子が入場して同じ演技を繰り返す。最後に獅子舞は「三度がえり」という演技がある。それがおわると、獅子は上宮に向かう鳥居の石段を駆け上がり、雄雌の両獅子は奉幣殿に帰っていく。

一、鉞の舞…右の御旅所の演技と同じ。

一、流鏑馬…氏子が騎手になり、烏帽子に狩衣装で乗馬する。傍ら人が手綱を持つ。騎手は場内の四隅で赤白の矢を一本ずつ空に向けて放つ。放たれた矢は縁起物で、参拝者は競って拾う。農耕馬がいなく、今は中断している。

以上が祈念御田祭と神幸祭である。この祭は一部の演目を除いて、古来の松会神事とは大きく異っており、以下は古来の松会神事ことを記しておこう（「英彦山大権現祭礼松会之図」は英彦山神宮蔵、写真はすべて添田町まちづくり課の提供)。

35 流鏑馬(「英彦山大権現祭礼松会之図」)

三、古来の彦山の松会神事

古来の彦山の松会の姿は明治二十六年一月に福岡県知事に提出された「英彦山神社古来伝来祭典旧儀並び音楽神楽書上記控」の中に詳細に記されている。

それによると行事は、陰暦二月十四日の早朝大講堂庭前より始まる。触れ頭(散使)が、赤、黒の衣躰で一山の衆徒方に桟敷に御出仕とふれ南北をふれまわると、この祭事に関する諸役の者は斎戒をし、山中の不浄の輩を禁制し、銅華表に誡板《けいばん》をたてて一山の清浄を維持する。

36 かつての流鏑馬

この間大講堂庭前で盛一臈の御宝札請取の儀式が行なわれ、高臈が供奉して北山殿にうつる。巳の上刻(午前十時)三臈集来の鐘が九つ、三回にわたって鳴るとそれを合図に役々がそれぞれ配置につき、北山殿で観音経の購読が始まる。それが終って仏輿三体出殿し、一の殿(釈迦如来)・二の殿(本地千手観音)・三の殿(西方阿弥陀)の順で種々の属器を先に立てて参道を銅華表の傍らの旅殿まで降りるのである。

行列の順序は「先拂散使・大幣帛・火王水王左右・根許志榊・神鉾二本・笛吹二人・太鼓二人・神事奉行二人・御先供奉・高臈十一人・同出仕十六人・供奏・拍板《はくばん》・鼓打・人形舞・御笠・指葉二本・御鉾二本・金襴御幡・太刀・錬男・仏輿奉行一人・第壱殿御仏輿。神官二人・伶人奏楽・白杖持二人（以下金襴御幡を除いて第壱と同様）。第弐殿仏輿（以下第弐殿仏輿と同様の形）。第参殿仏輿・饌唐櫃・座主・一山一臈・伶人奏楽・御後供奉人員・神官十三人・出仕三十二人・連男神事奉行作事方二人・的立・神馬・後押散使」のようになる。

仏輿三体が未の下刻行宮旅殿に鎮座すると、そこで行宮之次第が始まる。

まず、神庭で懸鼓《かけこ》拍板が奏せられ、続いて高臈が円形に並んで、その中で神楽三曲を奏し、高臈風流として西王母《せいおうぼ》の謡がある。それが終って、地下《じげ》風流を謡う。之に続いて桟敷の座となり、饗膳《きようぜん》があって儀礼を行なっている間に、斎庭に於いては、諸舞楽が始まるが、これは色・刀両輪の役で次のような順序で行なわれる。

①刀衆による長刀（四人）打長刀・越所ノ前・越所・鉞ノ前、舞楽。
②一・二臈による斧鉞舞樂
③色衆による懸鼓・拍板・鼓・舞口四方立・舞口両人袖かざり・懸鼓・拍板水廻（以下もう一度繰り返す）

この舞楽が終って、両輪高臈の桟敷退出となる。その夜は、一・二・三臈の旅殿番が仏輿と共に座を勤める。

翌十五日は前日同様散使が、一山に桟敷御出仕をふれ廻り、辰ノ下刻（午前九時）鐘鼓の合図で役々が出仕、点合が行なわれる。旅殿で還幸の儀式の後、第三殿仏輿より前日の通り属器を立てて行列が始まって参道を登って奉幣殿前の斎庭に至り、殿上に着御する。

この時、桟敷の座で執り行われる饗膳は、延年座と同様古格を重んじ、当役とは、その指示万端に非常に意を用いていた。

一方の奉幣殿の庭場では流鏑馬が行なわれ、次に御田祭行事となる。まず、御田役八人が斎場に出て鍬入れの所作から始まる。

一、鍬入れ…斎場に櫟と松の小枝を植え、歌「洲壌乃廣企荒野乎田爾成而鍬乃御鉾爾露乃玉」をうたいつつ初穂入れを行なう。
一、畝切り…畝切りでは、鎌で畦刈払いの所作をする。
一、田打ち…木製の鍬で田打ちの所作を行なう。
一、畦塗り…木製の鍬で田の畦塗りの所作をする。
一、馬杷…元来は人が黒の羽織をかぶって牛を擬していたようである。この時「塊乎猶濃爾砕止而教乃馬杷爾八束穂乃稲」歌が入る。
一、柄振り…木製の鍬で代かきの所作を行なうが、歌（この詞章は現存しない）が入る。
一、種子蒔き…彦山詣での人々が松会に参加するのを「種蒔きに詣る」と呼ぶほどに、ここで撒布される籾種の虫除けの呪物として持ち帰るのが習慣となっていた。大講堂縁側の籾種入れには「三石六斗」との注記があって、群がり拾う参詣者と見物人の様子がユーモラスに「英彦山権現祭礼松会の図」の種蒔きの場面に描かれている。
一、田植え…御田役が石菖を手に持ち、田植え歌（この詞章は現存しない）に合わせて田植えの所作をする。
一、飯載汁載…昼飯持ちとして古老に伴って女二人が登場する。一人は孕み女で、頭に飯汁を乗せてでる。

以上、田植えの一通りの所作を終えると、諸国からの参拝者に籾種を蒔き、神酒神饌を頒布する。人々は争ってそれを拾い、持ち帰って自家の田に蒔くのである。

御田祭が終ると仏輿は斎庭より下宮へ御還幸となるが、その時彦市坊が千早の緋の袴をきて女巫の姿で出て来て奉迎し、袖掛石をかけると桜本坊が鈴を持って彦市坊に渡す（陰陽合体を意味する）。彦市坊は還幸後斎庭で神楽を奏するのであるが、これは陰陽合体による子孫繁栄の祈念ということであろう。これを「後段の神楽」といっている。

仏輿第二の殿が菩提樹の傍らに御越になる時、獅子が出る（この獅子は前日仏輿お下りの折に北山殿より出て、斎庭四カ所で獅子楽を舞い、桟敷に収められていたものである）。先ず雌獅子より出て名残の狂といって三度鳥居の内に入り斎庭で狂い舞を舞う。笛がかわると雄獅子が出て口を開き雌獅子と共に舞って桟敷に帰る。仏輿御還幸、下宮に還座されるまで斎庭で皷打ち（七人）が続けられる。

以上で神幸式を終えるのであるが、その直後に笈掛紅梅のそばで宣度祭が始まる。斎庭の中央では皷につづいて刀衆による長刀舞・鉞舞・鉄棒譲受行事、色衆による舞楽・拍板・延年役による開口地下風流及び高臈風流がある。続いて早具足、練相撲という競技が行なわれるが、これは宣度祭と関連して先山伏の役である。修験のこうした競技が種々あったといわれるが、彦山でこの二つが記録にみられる。

宣度祭の方では槌橛《つちくいう》打ちがあり、笈請取、頭襟下し、大先達春峰入りへと続き、長床衆が退去すると、法螺貝の合図で柱松倒しが行なわれる。ちなみに、施主の盛一臈幣切り行事は装束の黒鈴懸をまとい、柱松の頂上に登って、火を打って幣の足を焼き、これを大刀で切り落とす（一刀で切る時には天下安泰という）。そして、柱松が倒れると松庭の行事が全て終る。

四、英彦山の松会のまとめ

彦山の修験道時代の松会神事は第二章に記したように、地方の祭礼としては豪華で華麗なものであった。現在の行事は現在の大晦日～元旦の松会神事、二月末日～三月一日にかけての御汐井採り神事、三月十五日の祈年御田祭、四月第二土・日曜日に行なわれる神幸祭である。その内容は神道に加えて、仏教に道教が内在した修験道の祭礼であった。それに比して現在の祭礼には、神宮の祭として挙行されているため、修験道時代の祭礼のように古色蒼然とした豪華で華麗な姿が失われているといわざるを得ない。

なお、今一度修験道時代の柱起こしと、幣切りの意味を記しておこう。柱起こしは二月十三日に挙行されて終夜大講堂の洪鐘を撞き、起夫四十人が斎庭に巨大な柱松を建てた。その柱松は藁を縄で括り付け、忉利《とうり》天《てん》に準じて三十三の節が作られている。柱松の頂上には青白二色（青は万物生成の春、白が万物成就の秋を象るとされる）の幣帛が掲げられる。柱松の東西に二大龍王の大綱を張って天地四序の和平を祈願する。松会の最後は神事当役が柱松に登って御幣を燃やす護摩採燈行事で、一刀のもとに御幣を切放つ幣切りが行なわれた。万物の生成を祈り、五穀豊穣、平穏を願うため、英彦山権現の出御拠り所となる御柱を斎庭に立てる神事は松会から始まる。

それにしても、彦山の松会と豊前六峰と称された各霊山の松会には歴然たる格差が生じている。それは、彦山と他の霊山との間に、規模と経済の大きな格差が生じている。ここでは、参考資料としておこう。

五、彦山固有の用語と思想的背景

彦山では、各所作に固有の用語と思想が内在している。色衆と刀衆、彦一坊、長刀・鉞舞いと流鏑馬、柱松と大綱、御幣、それに加えて柱松と大綱、幣切りの意味を要約しておこう。

色衆と刀衆…色衆も刀衆も陰陽を象り、神幸祭における色衆の役は巫女舞、刀衆の役は男舞という形である。御田祭における孕み女もその具現化されたもので、それは農作物の実りに通じている。何れにしても、陰陽を象ったものは天台宗修験に多いという。獅子も陰陽で女獅子の「名残の狂」及び男女の狂い舞は何れも合体に結びつく所作である。

彦一坊…神事舞を舞う者をさして彦山では彦一坊といっている。「英彦山大権現祭礼松会之図」にも巫女の姿で出て来ており、彦一坊にも女巫の姿で出て来るのが、はっきりした形で呪術的な要素が強い。

ちなみに、彦は比古、あるいは彦で当山をあらわし、市が（イック）の略で、この彦市が神に奉仕し託宣を受ける巫女であったろうと推察される。古代には巫女を以て神意を問うという形が多かったし、貞観二年（八六〇）の『太政官府』にも「以女為禰宜事」の記述があり、神社における女禰宜として彦市が考えられる。その名残が、後年に彦市坊に女装させる形となっているのであろう。

なお、彦市坊の神楽の採物には古くは「ススキ」を用いているが、一山の祭事が夜に入ると往古は専ら「ススキ炬」を用いていたというから、これも一つの特異な伝承形態といえよう。

長刀・鉞舞いと流鏑馬…長刀は疫払いの所作。鉞の舞いも、長刀の意味と類似する。流鏑馬が地鎮の射法と称し、何れも中世以後の山岳修験の山伏の所業に由来する。斎庭における桟敷の結構も軍旅の陣営に擬し、峰中の野宿並びに諸具足、進退相言葉なども皆軍法に似ているという。

柱松と大綱…柱松の「松」の意味は生命の象徴で、春夏秋冬を永遠の命。つまり、齢一千年を生きることに由来する。柱松の高さは『英彦山権現祭礼絵巻』「巻一大権現松会之図」に「柱松高サ一三間頂上ニ登リ幣ヲ切リ柱松倒シ二月十五日七ツ時迠ニ神事成就」と注記されている。

柱松には藁で三十三節が作られおり、頂上は忉利天という。以下は、忉利天の意味と三十三という意味を記しておこう。忉利天とは「六欲天の第二天。須弥山の頂上、閻浮提の上、八万由旬にある。中央に帝釈天の止住する大城があり、その四方の峰に各八天があり、合して三十三天となる」と記されている。要するに、柱松の藁材は三十三天、頂上が須弥山の頂上のことを表現している。

松柱の東西に取付けられている大綱は雌龍と雄龍の二大龍王のことで、龍族の王、仏法を守護する。密教では雨を祈る本尊とする。

御幣…「みてぐら」ともいう。彦山では神の依代として用いられる場合が多い。春祭には青、秋祭には白の御幣が一般的であるが、彦山ではこの春の神幸祭が新嘗の意味をもって白幣帛のことで、柱松の神事に用いられる大御幣は白幣帛を用いる。

幣切りの意味…右に記したように豊前国山岳修験道の中核を担った彦山の祭礼〝松会神事〟は古来の神道に、それに仏教・道教が重層化している。つまり、斎庭に起立された巨大な柱松と、クライマックスの施主により幣切り凝縮されているといって良い。具体的には、柱松に道教の象徴とされる龍神が取付けられており、頂上が仏教の忉利天を意味する。そして、一年間の荒行をおえた施主盛一臈は擬死再生を体得しており、降臨する神に成り代わって国家泰平と護国豊饒を祈願するという新春の予祝神事である。

求菩提山のお田植祭

福岡県指定無形民俗文化財
所在地　福岡県豊前市求菩提
祭の日時　三月二十九日午後

一、求菩提山の位置と歴史

豊前市の南西端部、築上町との境界にある山で、標高七八二メートル。犬ヶ岳西部の一ノ岳から北側に延びる尾根に連なる帽子様の独特の形態をした峰で、山岳信仰の中心地のひとつ。古代以来、修験道の山として知られる。当山を含む筑紫山地東部を構成する山塊は英彦山火山地と称され、筑紫山地では最も急峻であり、鮮新世の火山岩の急峻な浸食地形が岩窟などを形成し、修験道の山として尊重されるようになる自然的な基を形作っている。

明治の神仏分離により護国寺は廃され、国玉神社となった。修験道が禁止されたため山伏は次々と山を下りた。国玉神社は求菩提山頂に上宮社殿、上宮の北東、標高六八〇メートル付近の緩傾斜地に中宮の拝殿と神殿（旧北山殿）、鬼神社、標高六一〇メートルの杉谷に毘沙門堂（現・豊照社）、琴比羅社、中谷に愛宕社などが残る。かつての伽藍は中宮付近に集中し、山門跡や食堂跡などが残る。

〔古代〜中世〕養老四年（七二〇）『求菩提山雑記』によれば、行善が鎮護国家の道場として山中に堂社を建て、求菩提山護国寺を開いたとされる。保延年間（一一三五〜四一）に豊前辛島《からしま》村の天台僧頼厳が護国寺を復興し、当山の修験道の基礎を確立した。大永年間（一五二一〜二八）に山中の普賢窟から発見され、大内氏に上覧された銅板法華経には大勧進僧として頼厳の名がみえ、康治元年（一一四二）一〇月二日銘がある。

鎌倉期の当山の様子は不明なことが多い。正平四年（一三四九）権津師厳正・阿闍梨大賢・大工上毛郡田広村忠家・沙弥聖観らによって当山へ仏輿が奉納され、同十五年には藤原種継が当山上宮御宝前に鰐口を施入している。応永二十一年（一四一四）阿闍梨幸全・津師定清らが当山へ仏輿を奉納し、大旦那一和尚長清が大般若経を当山白山権現宝前に施入。同二十六年には権律師長清が大乗経全部を唐櫃に入れて施入し、当山下宮宝殿に安置している（以上『求菩提山捜古録』）。

南北朝以降当山領は、近隣の如法寺氏によって押領された。応永二十六年十二月の大内氏奉行人連署奉書（「求菩提山文書」『北九州市立歴史博物館研究紀要』一、以下中世史料は断りのない限り同上）によれば、如法寺宗能と求菩提山衆徒との山領相論を大内盛見が裁許。そのなかに先祖円康の時代（南北朝期）にも相論があったと記されている。

永享三年（一四一三）十月日の求菩提山領田地坪付に「如法寺筑前守押領」の注記のある田地が確認でき、その中に小野村（如法寺氏は大川内村と号す）・上畑村（如法寺氏は稗畑と号す）・犬ヶ岩屋・鳥居畑《とりいはた》村などがみえる。応仁二年（一四六六）閏十月十五日の大内氏奉行人連署奉書によれば、文安五年（一四四八）の大内氏証状の旨に任せ求菩提山領の斗部《とぶ》・鳥居畑に対する違乱を停止するよう如法寺縫殿允の代官に命令が出されている。

明応八年（一四九九）頃、大友親治が当山領三〇町の打渡しと如法寺近江守による悲法違乱の停止を上毛郡両郡代に対して命じている（十月九日大友氏年寄連署書状・十一月二日上毛郡奉行人連署打渡状など）。大永七年十二月九日の大内氏奉行人連署奉書では、前年の当山と如法寺氏との相論については、文安・応仁の先例に任せて当山に返付するよう上毛郡奉行能美弘助に命じている。天文十七年（一五四八）には、天文十五年の斗部五段地段銭未進をめぐり、当山と如法寺氏との間で相論が再発した（同十七年八月二十三日大内奉行人連署奉書・同年九月十三日飯田興秀条々事書など）。

こうした状況に直面し、当山は室町期頃から世俗権力との結び付きを強めていく。文安元年八月当山に対する濫妨狼藉を停止するよう大内教弘禁制が出され、文明元年（一四六九）には少弐氏が山領安堵を行なっている（十二月三日少弐氏奉行人連署書状）。同三年には大友氏老臣たちが上毛郡奉行人に衆徒らへの山領打渡しを命じ（十月九日大友氏年寄連署書状）、明応七年には大友親治から「治国之賀例」を謝されている（十二月十七日大友親治書状）。当山衆徒は大永六年十月二十二日に「求菩提山四至注文」を提出し、翌月二十一日に大内義興から安堵を受けている（「大内義興安堵状」）。

同注文は永享～嘉吉期（一四二九～一四四四）と推定される求菩提山四至牓示状をもとに作成されたものとみられ、永享～嘉吉段階の山領四至は「東面者　大日嶽ヨリ金堂瓦立通至斗部火ノ浦ノ石塔ヲ限、此内大日不天動弁才天石室在之、当山諸堂二十八ヶ所内也、役行者御造立、西面者鞍懸ノ堅路ヲ限　西ノ大鳥居鉾立、南面者　犬ヶ嶽ヲ限、六所権現石室在之、両界岳松尾山、北面者　国見ノ石塔ヲ限」とある。

大永七年十二月十一日には大内氏によって求菩提山法度が定められ、享禄二年（一五二九）十月四日には大内義隆が求菩提山護国寺領への守護使入部停止を伝えている（大内義隆判物）。天文二十年には大内義隆から当山上宮拝殿の再興について北中坊が感状を受けている（八月二十五日大内義隆書状）。

永禄二年（一五五九）九月十三日には大友義鎮家臣の田原親賢が当山への守護使不入の安堵を行い（田原親賢安堵状）、のち国検使による山領の糾決を受けている（年未詳十二月十七日大友氏年寄連署書状）。

永禄九年五月二十八日の大友宗麟安堵状によれば、大友氏軍勢の濫坊狼藉で衆徒らの多くは離山を余儀なくされており、大友氏は衆徒中に早々の帰山を促している（同日「臼杵鑑速施行状」）。天正十年（一五八二）には筑前の秋月種実の弟高橋元種が当山領三十町を安堵している（同年九月十一日「高橋元種書状」「如法寺文書」『如法寺‐福岡県豊前市所在中世寺院の調査‐』）。同十五年に九州出兵を敢行した豊臣秀吉より求菩提山に対して制札が発せられた（同年一月晦日豊臣秀吉禁制）。

〔近世〕天正十六年中津城に入った黒田孝高（如水）、慶長五年（一六〇〇）に入封した細川忠興も求菩提山に山領を寄進した。『求菩提山雑記』によれば、慶長頃から細川氏一族の法菩提院道閑が京都東寺に住しながら求菩提山支配を兼帯し、当山の中之坊般若院が番代を務めたという。

元和八年『人畜改帳』には、求菩提山は法印のいる北中坊（家数十四、人数三十五、馬二）、奥ノ防（家数四、人数四、馬一）、庄屋がいる奥ノ坊（家数六、人数十一、馬三）、地蔵院（家数五、人数七、馬一）ほかに福善坊（家数八、人数十二、馬三）、西尾坊（家数五、人数六、馬一）など三十五坊と庵室分（七十九軒）の三十七筆に分筆され、総家数二四三、人数四五九（うち法印二、出家三、庄屋二、坊舎主三十）、馬五十六とみえる。

寛永九年（一六三二）小笠原氏が小倉藩主となり、座主職がしばらく中絶していたが、元禄年中（一六八八～一七〇四）藩主の甥である小笠原内記が求菩提山座主職に就き智徳院道達と号し、以後座主を世襲。『求菩提山雑記』には、座主に小笠原藩主から代々知行高一五〇石を与えたという（慶応二年「知行帳」『福岡県史資料』九）。

元禄七年当山を訪れた貝原益軒は『豊国紀行』に「山上に白山権現の社あり。上宮は社数大小七つあり。中宮に役行者堂、下宮に山王および大行事社有。古は七堂伽藍有りと云。今其あと有。寺を護国寺と号す。今も僧坊百二十坊あり。みな山伏妻帯也。清僧も二十三坊有。中下宮及び僧坊は、東の方山のかたはらに所々にあり」と記される。

延享三年（一七四六）の御案内覚書帳（稲葉文書）では求菩提山の家数一三四（坊数一〇五、うち庵室十四）、人数六四七（うち出家三、医者一、坊中山伏一七二、名子下男山伏七十八、女二九三）。

天保九年（一八三八）の道路及び郡内地付戸籍控帳（「矢野文書」）によれば、天台宗山伏一四一坊、座主は学王院。上宮の白山両権現のほか、行者堂、到津八幡宮、大行事社、山王権現、下宮、拝殿、天神社、講堂、護摩堂、常香堂、釈迦堂、求菩提五ヶ窟の第一（大日堂）、第二（普賢堂）、第三（毘沙門堂）、第四（観音堂）、および西谷地蔵堂、杉谷毘沙門堂、上谷水原童子、南谷観音堂、下谷愛宕社などがあった。

慶応三年（一八六七）には坊舎七十三坊まで減少した（『求菩提文書』）。

二、求菩提山のお田植祭概略

求菩提山のお田植祭は毎年三月二十九日に国玉神社前を松庭として挙行される。松庭の周囲には皮をはいだ朴《ほう》の木の矢来を結び、入口を三方に造る。旅殿の中央に二基の神輿が安置され、その前に祭壇が設けられる。祭壇には海の幸、山の幸が供えられ、奉幣、日月、斧、鉞、刀剣、鉾などの祭具が左右に飾られ、神前に

1　草切り 1

2　草切り 2

3　草切り 3

4　草切り 4

は桃の花を捧げる。祭の演目は草切り↓畦塗り↓田鋤き↓田打ち↓大田主↓種蒔き↓田植え↓うなり↓大田主の田ほめの順に挙行される。以下、その概略を述べておこう。

一、草切り…白装束に襷がけ、菅笠を冠り、足には脚絆に草鞋を履く。木製の鎌を持って畦草を刈る真似をする。蜂が出たといっておどけた仕草をする。

一、畦塗り…衣装は草切りと同様で四人で行なう。木製の鍬で田の畦塗りの真似をする。

一、田鋤き…馬杷（モーガ）を持った鋤男一人、黒布の張り子の牛一頭（中に二人が入る）の背中に鞍を置く。鋤男は牛を使って場内を廻って、「せい、せい」「どう、どう」と田を鋤く真似をする。牛は思うように動かず、とこどき怠けて寝そべる姿が滑稽である。

一、田打ち…花笠を冠った踊り子十二人出演。木製の鍬と赤白の紙を巻いた短い棒を持って、傍らで古老が歌う御神歌（遣巻）に合わせて田打ちの所

5 畦塗り 1

6 畦塗り 2

7 畦塗り 3

8 畦塗り 4

作をする。田打ちは、実際に地面を打つのではなく、輪を作って並び、右手の鍬で左手の棒を叩きながら、交互に前へ進み出たり退たりする。直接地面を打たないところに特徴がある。

一、大田主…大田主一人の出演。神官の服装、冠をかぶり、傘を差し神官の沓を履く。傘を高々とさして、歩みながら場内を廻る。おそらく、田をみまわるのであろう。

一、種蒔き…男一人の出演で、装束は草切りや畦塗りと同様。まず神前に一礼して、神前に供えてある籾種のすぼをとって肩にかけ、はじめに一握りの籾種を神前に蒔き、続いて松庭の四方に蒔く。最後には残りを参拝者に与える。

一、田植え…花笠を冠った少女十二人出演。白衣、緋の袴、石楠の花などの造花をつけてある。右手に杉の小枝、左手に白紙を折った折紙を持ち、輪を作って並び、傍らで古老が歌う田植歌に合せてそろって田植の仕草をする。これも地に植えるのではなく、右手の杉の枝を左手の折紙に植える仕草をする。田打ちと同じく、直接地面に植えない

9　田鋤き 1

10　田鋤き 2

11　田鋤き 3

12　田鋤き 4

ところが美しく形式化している。

一、うなり…身持ち女（孕み女）、初花乙女（うなり、あるいはゆりもち）二人の出演。男の女装で、紫の紋付着に女帯を締め、片袖を端折って腰巻きをみせる。頭に手拭を姉さんかぶり、白足袋・草鞋履き。身持ち女は座布団を腹につめて腹を大きく突き出し、ゆりもちは木製の柄鏡と大きな櫛を持っている。身持ち女は神殿に供えてある山盛りの飯をとって左脇に抱き、右手で腹をなでながら場内を廻る。ゆりもちは、その後から柄鏡をみながら櫛で髪を左右にかきつける仕草をしつつ場内を二周する。その仕草が何ともおかしい。

一、田ほめ…大田主が神官服装で傘をさし先頭に立つ。白装束に襷がけに向鉢巻きの太鼓を打ち一人、大太鼓かつぎ二人が続く。撥で「ドンドン」と大太鼓打ちながら会場を廻る。その太鼓打ちの後に続いて花笠の田植女、花笠姿の田打ち男、張子の牛、そのほか出演者全員が出て会場を廻る。先頭の大田主が「ほう、ほう」と音頭をとると、後に続く一同が一斉に「ほう、ほう」と合唱する。参

13 田打ち 1

14 田打ち 2

15 田打ち 3

16 田打ち 4

拝者も一緒に「ほう、ほう」と合唱して、会場全体が興奮につつまれる。よく出来た田を誉めてやるとは、いかにも豊の国の神様らしい。

三、求菩提山松会祭祀御田之神歌（遣巻）

一、改るとしの始乃門松は　君に千年をゆずり葉の声

一、あら玉る年の始の白金ねを　つるべおろし水具免ば　水諸共にとびぞくるまるる

一、あらたまる年の始の初華を　何かとおろす打手の小槌　なととおろすなととや

一、改る年立帰へり春くれば　木の目もつねもたづも生へける

一、改る年立帰へり春来れば　こすけ笠をおもむけて　渡りしものは鶯の声

一、改る年立帰へりそらをみれば　鳶こそくだれ今ふろふとて

一、此殿を新殿とは誰が申す穀《しらげ》の米《よね》のふる屋なりける

一、此殿の戌のすすみの瓶酒は　風は吹かねども

17 種蒔き１

18 種蒔き２

19 田植え１

20 田植え２

21 うない１

22 うない２

23 うない３

24 田ほめ１

25 田ほめ２

ささらな三つ

一、此殿の美かどのわきに葦《よし》植へて　まいろう人によしといわりよやうよ

一、此御の作らせ玉うひわだ葺　金《こがね》の椽《たるき》玉の翠簾《みす》だれ

一、此殿の造らせ玉ふ御世作《みよさく》は　上津町も千町よ　下津町も千町よ　中津町も千町よ合わせて三千町の御代作をうたへ給へ御《み》田人《たうど》

一、安芸ノ国成る秋工《たく》み　切てへひて鏩《かな》かけて　錐《きり》でもんて皮でとちてやるそ遣巻《やりまき》

一、屋りまきの本手の国は安芸国　伊予打ちかけてさぬき給われ

一、あれを見給へ御田人　飯盛獄のすそへに合せ　鍬をうとふと　イヤ　うたへ玉へ御田人(三度)　イヤ　うくいすにやんさ(三度)　イヤ　たけの内にやんさ(三度)イヤ　たけの肉〳〵にやんさ（三度）

一、つうきの笠きて　山田に種子まく　山田ゆうざなるなの屋あらた

一、イヤ　さとるなァへ　三つ穂に出てほふとふあさとるなへ
一、二タ葉さすや三ツ穂に出て　渡りこん〳〵よふなる渡こん
一、さあたさあたに及すや　渡りこん〳〵〳〵（数度）
一、ほうふときすは熊野にふける　ほうとふしら稲のほたれ
一、朝さはるにはとびの弥植て　とびの秋かり弥て蔵の下屋　あきかり弥て久らの内や　秋かりねておんとろめひて〳〵おんとろめひて〳〵

維時文化五戊辰年二月二日
　政所坊　正善坊貴宝院　宜順

四、お田植え祭のまとめ

求菩提山のお田植祭は、ほぼ原型に近い形で残っている。田打ちや田植で、傍らの古老の歌う神歌に合わせて輪を作って並び、直接地面に植えないところに優雅さがある。優雅という意味では、大田主の登場にも認められる。他方で、武ばった刀衆の演目、祭最大のハイライトの施主による幣切り行事を欠落する。

最大の特徴は、田ほめに集約しているといっても過言でない。豊の国の神様らしく、良く出来た田を「ほう、ほう」と誉めてやり、拝観者もいっしょに誉めてやるのである。なお、当山の神歌（遺巻）が原形となって松尾山、檜原山へ伝播したものであろう。（求菩提山のお田植え祭の写真は豊前教育委員会の提供）

松尾山のお田植祭

福岡県指定無形民俗文化財
所在地　福岡県築上郡上毛町西友枝
祭の日時　四月十九日直前の日曜日午後から

一、松尾山の位置と歴史

上毛町の西部に位置する標高四七一メートルの山で、江戸時代末まで修験道の霊山として信仰を集めた。松尾山権現・松尾三所権現などと称され、求菩提山六峰の一つ（『求菩提山縁起』）。地元では「まつのおさん」ともよぶ。一山は松尾山医王寺《いおうじ》を中核とした寺坊に拠る

僧と山伏らにより経営されたが明治初年の神仏分離により医王寺が廃寺となり、住僧らは還俗、三社神社となった。『築上郡志』は三社神社を「松尾山の宮なり」「松尾山記に本尊釈迦牟尼如来、大悲十一面観音、薬師如来と見えたればもともと仏寺にして、之を神社とすること覚束なかる可し」と記す。

「豊鐘善鳴録」(『太宰管内志』)によると、「松尾山権現社」僧法蓮に従い英彦山で修行した能行が神亀五年(七二八)、松尾山に登り薬効のある宝珠(白山神からの授け物)を得たのに始まるという。『松尾山旧記』(同書)には大永四年(一五二四)上宮が造立されたとある。また、松尾山医王寺は慶長七年(一六〇二)十月十八日の置札銘文(同書)によれば、講堂(医王寺)は寛正三年(一四六二)、当山住僧の妙蔵坊が再興、長享元年(一四八七)火事で焼失、延徳二年(一四九〇)実乗坊が再建、大永年間薬師如来が本尊として安置された。

天正八年(一五六〇)、野仲真兼(鎮兼か)の兵火にかかり講堂、本尊とも焼失したが、内尾勘右衛門尉を大檀越として慶長七年に再建。但し、同銘文にみえる長享元年・延徳二年・天正八年の干支は、実際のものと齟齬がある。

延享三年(一七四六)の御案内覚帳(稲葉家文書)によると、松尾山の坊数二十二、人数男五十五(うち山伏三十五)、女五十四、上宮白山大権現(本地は阿弥・釈迦・観音)を祀るほか、山内に講堂(阿弥・薬師・観音)、護摩堂(不動明王・八大童子の石仏)、北山堂、阿弥陀堂、御供堂、鐘楼、行者堂、観音堂、愛宕堂などがあった。『太宰管内志』によると、上宮(白山三社)、中宮(山王二十一社)、一の鳥居、二の鳥居、三の鳥居、天台宗の坊中がある。山内に田畠があり、高山であるが峰続きに津民《たみ》谷から中津城下の道筋があり、人馬が往来し、坊中は道の傍らにあった。

二、松尾山のまつ概略

出演人員は男六名に児童数名。男の装束は綾笠を冠り、白い衣にタッツケ袴、赤襷を掛ける。足下は白足袋に草鞋履き。女の装束は菅笠を冠り、花柄の着物に赤襷を掛ける。足下は白足袋に草履履き。神輿が置かれたお旅所前の祭庭を御田に見立てる。綾笠は独特で

1 御輿行列 1

2 御輿行列 2

3 水止め･畦塗り 1

4 水止め･畦塗り 2

5 水止め･畦塗り 3

6 田打ち 1

7 田打ち 2

8　代かき

9　種蒔き

10　御田植え１

11　御田植え２

赤布で縁取りしたゴザの前後を赤紐でくくり、舟形にして冠る。笠の頂上にも赤い縁取りのゴザで十字の飾りを付ける。一見、英彦山の松会絵巻の冠り物に良く似る。現在、松会保存会が挙行している。

一、水止め…男一人の出演で木製の鍬を持って出る。神輿の前で一礼の後、鍬を使って田の土を取り、水を止める場所に置いた後、片足で力強く踏み固める動作をそれぞれ三回行なう。

一、畦塗り…男一人の出演で木製の鍬を持って出る。神輿の前で一礼の後、鍬を使って田の土を取り、畦に土を置いた後、畦に土を塗り仕上げる動作をそれぞれ三回行なう。

一、田打ち…男女の児童数名が出演、男子は白衣にタッツケ袴、女子は花柄模様の着物姿で木製の鍬を持って出る。輪をつくり、傍らで歌う御神歌(屋理巻)に合わせて田を鍬で耕す動作を行う。最後は互いの鍬をたたき壊し、杖ばかりになった鍬を持って引きあげる。なお、歌の切れ目には「ヤンソレ」という掛け声をかける。

12 獅子舞 1

13 獅子舞 2

14 長刀舞 1

15 長刀舞 2

一、代かき…張り子の牛に男二人が入る。牛の鼻緒と赤白の紐でつながる馬杷（モーガ）を一人の男が持ち、代かきの動作を行う。時折暴れる牛と馬杷をもつ男との即興のやり取りが面白く、会場を沸かせる。

一、種蒔き…種籾を蒔く男性と孕み女（妊婦）に扮した男性が出演。孕み女は種籾を男性に渡すと松庭の隅に控える。男性が二〜三升ほどの種籾を入れたざるを左の小脇に抱えて右手で種籾を握り、勢いよく神前へ三回投げるように蒔き、次いで三方へ各三回投げるように蒔く。蒔かれた種籾は縁起物で古くはこの種籾を拾って帰り、苗代に蒔くと豊作になると言われ、参詣者が先を争うように拾って帰った。

一、御田植え…男女の児童数名が出演、男子は白衣にタッツケ袴、女子は花柄模様の着物姿で両手に榊の葉を持ち輪をつくる。この演目は動きが激しく、傍らで歌う御神歌（屋理巻）に合わせて、前半は輪の内側を向いて前屈みになり、榊（苗）を地面にさす動作を繰り返す。榊をさす度に、足を

16 鉞舞 1

17 鉞舞 2

18 風流（色衆楽）2

交互に大きく後ろに跳ね上げながら田植えの動作を行う。後半は二列になり両手を大きく上方に振りながら跳びはねて鳥追いの動作を行う。

一、獅子舞…男四人で行う。雄獅子と雌獅子に各二名の男が入り、傍らで叩く太鼓の拍子に合わせて演舞する。二〇一〇年に英彦山のものを参考に復元したものである。

一、長刀舞…男四人が演じる。長刀を持ち、腰には日本刀の本差と脇差を差す。傍らで叩く太鼓の拍子に合わせて演舞する。二〇〇八年に等覚寺のものを参考に復元したものである。

一、鉞舞…男二人が演じる。鉞を持ち、傍らで叩く太鼓の拍子に合わせて演舞する。二〇〇八年に英彦山のものを参考に復元したものである。

一、風流（色衆楽）…男六人が出演。ここでは「松役」という。締太鼓二人、拍板（ビンササラ）四人。列外に笛吹き。輪をつくり、悠長な笛のリズムに合わせて、締太鼓は足を交互に後ろへ跳ね上げながら両手を大きく振り上げて太鼓を叩く。拍板は腰のあたりで板をすり合わせるように鳴らしながら、足を交互に後ろへ跳ね上げる。いかにも優美で古典的な感じを与える。

この拍板は英彦山宝物殿に展示してあるものに比べると、かなり小型である。その使い方に変化があり、単に前で左右にゆするだけではなく、踊るにつれ小腋にもやり、巧妙である。

三、松尾山の御神歌（屋理巻）

田植え

一、月傘着て　山田種蒔く山田

一、安さ取苗　二た葉に咲いたる二葉

一、安さ波かには　とびの根を植えて富の

一、三つ羽に出てや乙男の　乙男の根を植えて乙男

一、沙汰に及ばづや　渡り来ん夜雁渡来

一、秋きかり稲　やぐらの下

一、杜鳥は　日児や熊の何彦や

一、御ん上ら見にや津々無　二つも楽も千両よ

一、新玉る歳の始の門松は　君にせよと譲葉のこえ

一、新玉る歳の始めの白金の　釣をろし水つ汲めば富もろ共に福ぞまします

一、新玉る歳立ち戻り　上を見れば　鳶こそ曇れいんま降どち

一、新玉る歳の始めの初鍬は　打出のこづち　何乙男おろすな乙男

一、春来れば木の芽も津はる　田鶴もはへける

一、春来れば小杉の傘を面向て　渡れるものは鶯のこへ

一、秋の国なる安芸だくみ　切て引てかんなかけてきりでもんぢ　かばで閉じてやるぞ屋理巻

一、屋理巻の本出の国は安芸国　伊よ打かけら讃岐玉はる

一、何れを見玉へ三乙男　八面嶽のすそべにこと合わせ鍬うつ

一、我殿の御門のはきによし植えて　参ろう人によしと云はりやう

一、我殿の新し殿と誰か申す　白米のよ子に振や成りける

一、我殿の何とか祝をう檜はだぶき　小金のたるき玉の御すだり

一、我殿の戌亥の隅なる神酒は　風は吹かねどをもささら波たつ

一、我殿の作らせ玉もふ御代作は　上津町もせん町よ　中津町も　せん町よ下津町も世ん町よ　下津町もせん町よ　合せて三ぜん町の御代作は　歌へ玉へ御乙男々々々　竹の内にやんさ々々々　鶯にやんさ々々々

四、松尾山のまつの特徴

当山の祭礼は、神輿行列から色衆の田行事、刀衆の刀行事、風流、色衆の楽打ちまでが一応整っている。それでも、祭最後のハイライト施主による幣切りがない。このことは、色衆と刀衆の神事両輪組を従える施主が欠落していることになる。

特徴は田打ちの踊り子が輪になって踊り、互いの鍬を激しく打合って柄ばかりになること、田草取りも輪になって踊り、両手を振って飛び上がり雀脅し、つまり鳥追いの所作をする所にある。最大の特徴は、色衆の楽と称される楽打ちが残っていることにある。この風流の踊りは、優雅で、古典的な感じを与える。もう一つが、神歌のことでほぼ原型に近い形で残っていることにある（松尾山のお田植祭の写真は末永浩一氏撮影）。

檜原山の松会

大分県指定無形民俗文化財

所在地　大分県中津市耶馬渓町

祭の日時　四月第二日曜日午後

一、檜原山の位置と歴史

当山の標高七三四・九メートルを測り、山頂がメーサ状になっている。北麓を三尾母川が、南麓を津民川がともに南東に流れ、山国川に合流する。山頂に白山権現社、中腹に天台宗正平寺がある。『豊鐘喜鳴録』（『太宰管内史』）によれば、天平勝宝四年（七五二）釈正覚がこの地に来て草庵に住していたところ、白山権現の夢告により正平寺を建立したという。

孝謙天皇の勅願所と定められ以来、朝野の崇啓を集め、最盛期には塔頭三十六をもち、中津藩の祈願所と

して隆盛を極めたという。

『太宰管内志』に「下毛郡津民郷檜原山白山権現社十二箇ノ坊中あり開基を雷元と云此山人昔より疱瘡疫病を病マずといへり近来はしからずと云坊中ノ地より上宮まで十二町ありと云」とみえる。雷元は求菩提山中興の祖といわれる頼厳であろう。康治元年（一一四二）頃の人で、宇佐稲積山山頂の長寛元年（一一六三）八月二十三日銘の石幢に頼厳の名がみえる。

『豊前志』に「神輿銘文に、暦応元年、豊前国下毛郡檜原山奉寄進片岩宇平、施主、六坊、福蔵坊、常行坊、法円坊、門之坊、成円坊、本蔵坊とあり」と十二坊中六坊を紹介している。

江戸時代中期から檜原山座主法隆院の中津藩領内勧化が許可されている。町場では不案内であるため、支配町々より肝煎を一人差添えることにしていた（「惣町大帳」宝暦七年三月二十六日条）。

天明五年（一七八五）六月、雷火で檜原山上宮を焼くと『中津歴史』にみえるが、『下毛郡誌』には「上宮は三社大権現の一にして、目下石堂三個あり」と記す。明治二十四年（一八九一）にも焼失したため、翌年石祠に替えたという。

本堂は天明七年中津藩主奥平昌高が建立したが、文化十年（一八一三）頃法隆院および谷之坊を焼失したため、酉年より亥年までの三カ年、年三回の郡中勧化が「檜原山之儀者、御郡中一山ニ候《ママ》、殊ニ上御止宿二茂相成候坊中事故」をもって許可され、桜本坊が村々を回っている（伊藤田文書）。元禄一三年（一七〇〇）「下毛郡野仲郷津民邑小河満重同子久徳」が大梵鐘を寄進しているが、その銘が寺の全貌を説明している。

二、檜原山の松会概略

当山の松会は麓の中畑、福土、上ノ河内の三集落、それに国東六郷満山の僧侶らの参加によって執行される。祭礼は毎年四月第二日曜日に挙行される。なお、当山の祭礼は祭の準備から受取り渡しまでを記しておこう。

①祭の準備

準備は旧暦三月六日の早朝、今年の頭役の坊が中津の三百間浜まで竹筒に潮汲みに行くことから始まる。頭役は七日から祭当日の十四日まで毎朝、境内の御手

1　仏輿行列１

2　御輿行列２

3　仏輿のお上り

4　読経

洗池辺に花柴を立て、裸で池に入り潮垢離をつり、それが終わると竹筒に小分けした潮を上宮に供えて経をあげる。十二日朝には衆僧が頭役の坊に集まって「花造り」をする。頭役の出した材料で椿、けし、牡丹などの造花を造り、三宝を飾り、幣を切る。

②お下り

十四日、お下りが夕方から始まる。三体の輿が仏輿殿から講堂へ移され、衆僧参列のもとに頭役が輿（御輿は木箱に納められた仏像）を入れる。やがて法螺貝の音色を合図に仮宮へ向かってお下りが開始。

行列は座主、衆僧、囃子方、仏輿の順序で進み、その後に槍、長刀、鉞などが続く。行列は座主屋敷跡の石段に来ると一旦止まって、座主の秘密の法を修する。ここからは仏輿を先頭に仮宮へ向かう。輿は仮宮に向かって一・二・三の殿の順に納められる。輿の横には「色衆盛一臈大札　常行坊、刀衆盛一臈大札　本蔵坊」とそれぞれ墨書された二枚の木札や槍、鉞、長刀などが立てかけられる。輿の前には御供や仏幣、餅などが供えられる。

仏幣は竹の先端に青や赤の色紙を付けた幣で、鏡餅

5 畦切り 1

6 畦切り 2

7 行事を見守る参拝者

8 畦切り 3

の中央部に突立てられる。餅は一ノ殿の前に三個ずつ重ね、二ノ殿、三ノ殿の前に三カ所に重ねが供えられる。輿の前で座主と修僧の読経で全てが終了する。

③お上り

翌十五日、仮宮で読経後、講堂と仮宮から同時に法螺貝の音色を合図にして開始される。

麓の長老、笛吹きなどが先発し、仏輿がこれに続く。やがて、輿が暴れ始める。お下りの静かな行列とは、うって変わって二時間ほど暴れ廻る。この間、座主や囃子方の僧などは鳥居まで先行し、鐃鈸《にょうはち》は賑やかに打ち鳴らされ、法螺貝の音色がこだまする。

やがて仏輿が鳥居下に集結した後、一・二・三殿の順で講堂の前に着くと、仏輿殿に安置された輿の前に供物を並べ、読経が行なわれる。

④祭礼

一、水留め…白装束の男一人出演。肩に鍬、編笠を冠り、男が支度部屋から出て来て水留の仕草をする。この間、参拝者の中から「こっちから水が漏りよる」とか「そけモグラもちん逃げよら」という半畳が飛び、男はそれに応ずる所作をして、一

9 畦切り 4

10 畦切り 5

11 畦切り 6

12 畦切り 7

13 馬杷 1

14 馬杷 2

15 馬杷 3

16 代かき 1

17 代かき 3

18 代かき 4

19 代かき 5

20 代かき 6（孕み女）

同をどっと笑わせる。

一、畦切り…白装束の男三人出演。三人の男が畦の草刈りや畦作りを面白く演じて、退場する。

一、馬杷…一枚の筵が中央に敷かれる。やがて地主が馬鍬を捧げ持つ作男を伴って登場し、「こりゃちっとはえ得、ござると」と、懐の柄鏡と櫛を出して髪を結う仕草をして、筵上で鼾をかいて昼寝をする。この間、作男が虱をつぶしたりする仕草で見物人を笑わせる。

一、代かき…やがて、代かきが始まる。地主が「ものども、牛をひいて参れ」と叫ぶと、作男が首だけの張子の牛を引いて来る。暴れ廻る牛にモーガをやっと取付けると、代かきを始める。なおも暴れ廻る牛にモーガを取付け、代かきを始める。その間、なおも暴れる牛に口覆をはめたり、逃げ回る牛の鼻輪をとる仕草が織り込まれる。すると、孕み女が駄桶を提げて登場する。その駄桶を提げた孕み女を牛が追いかけるが、やっと駄桶のハミを牛に喰わせ、やっと代かきが終る。

一、田打ち…四人の男が登場して、傍らの神歌に合

21 柄ぶり

22 種蒔き 1

23 種蒔き 2

24 読経

わせて田打ちの所作をする。

一、柄ぶり…神歌が終ると、飯盛り女が高々と仏飯を盛った木製の大椀を持って会場を廻る。やがて飯盛り女は箸で挟んだ仏飯を参拝者に配る。

一、種蒔き…男が桶に種もみを盛った男を伴って出て来て、種蒔きを始める。その間、仏輿の背後から神歌の上部が歌われる①と、桶を持った男が神歌の下段の句をつける②。

ちなみに、昔は皆、長さ一三センチ×幅五センチ、厚さ五ミリほどの二十数個の竹片を、ヘラの木の皮で上端を繋ぎ合わせたもので、動くと鮮やかな音を発する。これは、ビシャシャラという楽器で、風流の楽打ちの際に用いられたものである。つまり、この祭にも風流の楽打ちが行なわれていたことを傍証する一端である。

祭終了に伴って蒔き残りの種籾は、お鏡餅やお札などは参拝者に配られる。これを苗代に蒔けば鳥があせらないと伝える。

⑤受取り渡し

頭渡しとも称し、十七日に行なわれる。今年の頭役が仏輿に納める権現様と、色衆、刀衆と書いた二枚の木札を持って来年の頭役に渡して全てが終了する。

三、檜原山の神歌（ヤリマキ）

神歌は代かきと、種蒔きの時に歌われる。

①、代かきの神歌

一、あらたまる年の始の門松は、君は千歳《ちとせ》の譲葉の声、ヤンソレ

一、あらたまる年の始の銀《しろがね》の、つるべおろし水汲めば、鳶もろともに福ぞましますす、ヤンソレ

一、あらたまる年たちかえり空見れば、鳶こそくだれ、今降ろうとて、ヤンソレ

一、あらたまる年の始の初鍬は、打出の小槌などおろしおろし、ヤンソレ

一、あらたまる年たちかえり春来れば、木の芽もつわる、田鶴もはえける、ヤンソレ

一、春来れば小菅の笠を面《おも》向けて、渡れるものは鶯の声、ヤンソレ

一、安芸の国なる安芸匠、切って、へーで（剝いで）、カナ（鉋）かけて、錐でもんでカワ（革カ）でとじて、やるぞヤリマキ、ヤンソレ

一、ヤリマキのもとでの国は安芸の国、伊予うちかけて讃岐たまわれ、ヤンソレ

一、あれを見給えミトウド（御田人）、オオイワ山のすべに合わせ鍬うつ、ヤンソレ

一、我が殿の御門《みかど》の脇脇に葦《よし》植えて、参る人によし云わりようよ、ヤンソレ

一、我が殿の何とか祝おう檜皮《ひばた》葺、黄金の棰《たるき》、玉の御簾、ヤンソレ

一、我が殿の新らし殿とは誰が申す、精《しらげ》の米《よね》のふるぞましますす、ヤンソレ

一、我が殿の乾《いぬい》の隅の神酒《かみだけ》は、風は吹かねど細波立つ、ヤンソレ

一、我が殿の作らせ給う御代作《みよさく》は、上つ町も千町よ、中つ町も千町よ、下つ町も千町よ、合わせて三千町の御代作は、唄い給え御田人、御田人《みとうど》、竹の内もヤンソレ鶯もヤンソレ

②、種蒔きの神歌

(1)仏輿背後からの神歌

一、ツキカサキテ、彦や、彦にゃ熊野にゃ彦や

一、あさはかにゃ、山田、山田に種蒔いて山田
一、ほととぎす田人《とど》の、田人の根植えて田人の
一、月に笠きて、彦にゃ熊野にゃ彦や
一、沙汰に及ばずや、渡り来ん渡り来ん、ヨンガリ
渡り来ん

⑵桶を持つ男の神歌
一、月笠きて、山田に種蒔く山田。
一、ミツバに出てや田人《とど》の、田人の根を植えて田人
一、沙汰に及ばずや、渡り来ん来ん、ヨンガリ渡り
の来る
一、ほととぎすは、彦や熊野　何彦

四、檜原山の松会の特徴

檜原の松会は仏輿と称される行列から、田行事までの一連の演目に仏事時代の古色蒼然とした面影が残っている。報告書によれば、祭の準備際「戦前まで松柱立て、柱は六間乃至七間（約一二・六〜一四・七メートル）の生木、これに長さ四尺程の副木を一尺くらいの間隔に互い違いに強い藤葛で縛り付け、これを立て終わると、当役が副木を足場にして柱に登り、持参した幣を頂上に立て、秘法をした」と記されている。これは、施主の幣切りが挙行されていたことを物語る。

次いで、行列の際に認められる刀衆の大札や鉞や長刀などから、刀衆の演目があったことを物語る。再度述べれば、祭行列から色衆の田行事の後、刀衆の演目、そして風流の楽打ち、最後の施主が柱に登って幣切り行事までが挙行されていたことを物語る。つまり、現在の祭は半分にも満たないのである。

さて、英彦山を中心とした豊前六峰とか六カ寺と称される霊山の中で、当山が古来の様相を最も残した松会神事に違いない。その一つが仏輿に仏が移され、仏輿になることである。そして、僧侶が加わって挙行される仏輿行列、おりおり読経に神仏習合時代の面影を投影している。今一つが、神歌に英彦山六峰と称された文化圏の意味を残す（檜原山の松会の写真は中津市民俗資料館提供）

各霊山の概史と松会の固有性

神仏習合時代（明治以前）の豊前国の各霊山で挙行

された春の祭礼は、すべて松会神事と称された。ここでは現在に残る祭の姿から、今一度各霊山の特徴と固有性を若干記しておこう。

一、普智山等覚寺松会の固有性

等覚寺の場合、松会神事の多くが近世、つまり『京都郡旧記』にみえる「僧坊四十六軒」と記されて以降のことであろう。『普智山縁起』などの文献史料にみえる峰中の宿所の記述と、祭神豊玉姫とする奥ノ院青龍窟のことである。峰中の宿所は、内尾、嶺の観音、千仏、龍ヶ鼻、塔ヶ峰、亀尾、天上ヶ嶺、馬の背、田代、最後に青龍窟が記されている。

これらの地名の多くは、現在の平尾台と京都平野に点在した山頂か山稜の尾根、山腹の岩陰か洞窟の二者に分かれる。岩陰もしくは洞窟が陰、山頂もしくは山稜の尾根が陽を示唆しており、陰陽の二つの場を修行の場としていた。つまり、普智山等覚寺では小規模ながらも独立した春峰入りをしていたことがうかがえる。

もう一つが、峰中の宿所の最後の奥ノ院青龍窟のことである。ここは龍女豊玉姫を祭神としており、そこには釈迦三尊も祀られていた。上記した峰中の宿所最後の青龍窟ということは、春の峰入り最後の奥ノ院青龍窟からの出胎のことで、修験者が一旦死して後、仏母の胎内に入って五官五識をそなえ、仏となって再生するという、いわゆる擬死再生の理念に基づく。

奥ノ院青龍窟に関して修験者宝珠坊越後の者の身の上に起こった不思議な逸話が残っている。それは竜宮伝承にも似た物語で、擬死再生のモチーフである。しかし、彼は最後に深い穴を掘ってその中に入り鉦をたたき経文を誦したが、その音は七日ばかり続いて、ついに絶えたという。

松会の田行事の中で、おとんぼしと孕み女には滑稽な仕草を特徴とし、神歌は京都郡特有の方言を用いる。もう一つが松柱のことで、当霊山と『英彦山絵巻』にみえる形態に大きな違いがある。当霊山の高さ三三尺を、三十三カ所に藤葛を巻き、頂上は十二本の添え木が忉利天という。『英彦山絵巻』には高さ一三間と記されるており、形態に違いがある。修験道霊山の巨人、彦山との往来や様々な史料があるにせよ、当霊山も一定の固有性と特徴がみえる。

二、彦山霊仙寺松会の固有性

松会の起原は鎌倉期に挙行されていた涅槃会に、二月民間のとしごい祭が付加され成立したことがうかがえる。それは斎庭に依代を立て、神の降臨を仰ぎ、それを仏輿の遷して村内を巡行させた後に神前で実際の田植に模した予祝行事を行なうという神事儀礼である。その祭礼は早くも南北朝の文安二年（一四四五）年に『彦山諸神役次第』に見えるように、近世における松会神事の原型ができあがっている。さらに、室町期に形態を整えた彦山の三季峰入りである。この峰入りの中で最初の春峰入りは、松会神事と連動したことにある。

「英彦山大権現祭礼松会之図」幣切りの場面
（松浦史料博物館所蔵）

近世、彦山は九州各地の藩主の信仰と庇護を受け、中世ほどではないにせよ、祭礼も往時の輝きを取戻した。そのことを傍証するのが『英彦山絵巻』の第一巻の末尾の注記に「諸国参詣多キ年ハ凡七八万人積リ関所ニテ分之」と松会の盛況を伝えている。これが、彦山詣でといわれる所以である。

文安二年（一四四五）の『彦山諸神役次第』や『英彦山絵巻』などの史料は近世のもので、『英彦山絵巻』は当時挙行されていた豪華で華麗な松会神事を「絵」として極彩色が、時を越えて封じ込めたものである。

この『英彦山絵巻』にみえる松柱は、等覚寺のものとは姿と施主による幣切りが異なる。『英彦山絵巻』の姿柱松には藁材が巻付けられおり、大綱は左右に二本。高さは等覚寺の場合三三尺（約一〇メートル）であるのに比して、『英彦山絵巻』には注記に「柱松高サ一三間頂上ニ登り幣ヲ切り……」と記されている。

『英彦山絵巻』の施主による幣切りの方は彦山修験道研究の巨人、佐々木哲哉氏よると「黒鈴懸大袈裟をまとった幣切りが柱松の頂上にのぼって、火を打って幣の足を焼き、これを大刀で切り落とす」と解釈してい

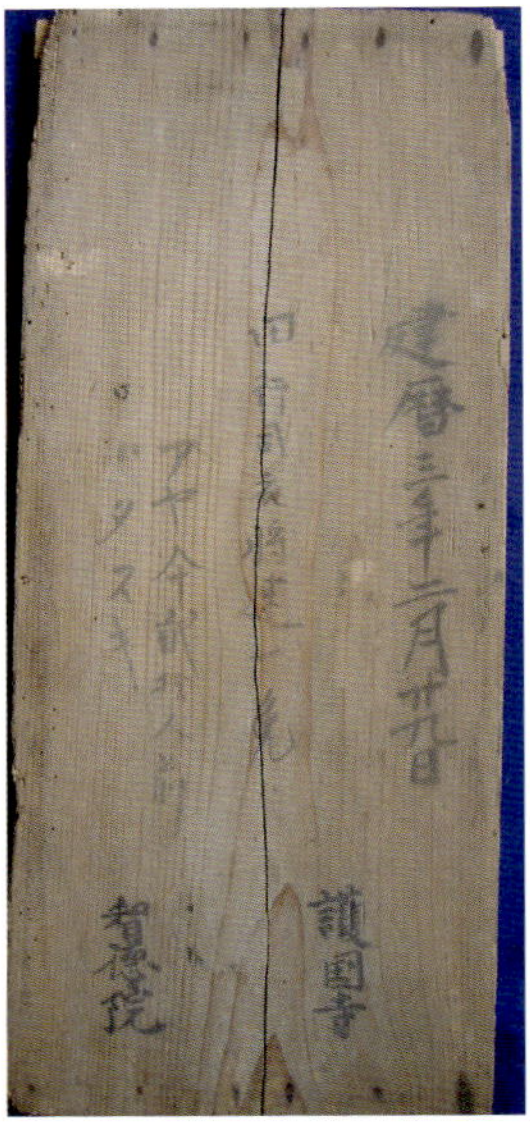

護国寺に伝わる箱の裏板
（国玉神社蔵、写真提供・
豊前市教育委員会）

る。しかし前記した長崎県平戸市松浦史料博物館所蔵の「松浦本」の施主の幣切りは、白幣そのものを切った瞬間のもので、現在の等覚寺の幣切りと酷似している。

三、求菩提山護国寺松会の固有性

当霊山で鎌倉時代初期、今日のように田行事が興行されていた良い物証がある。それは、同社に伝わる松会関係の古い衣装箱である。その箱の裏板に「建暦八年（一一九九）二月廿八日、田行事衣将一免、アヤ傘弐拾人前、同タスキ、護国寺、知徳院」と墨書してある（写真参照）。

九州最大の修験道霊山である彦山霊仙寺の松会神事はさておくにしても、当霊山の松会神事である色衆の田行事は豊前国の中で最も完成したされた姿の片鱗が現在のお田植え祭にうかがえる。それは一連の演目の中に登場する大田主と、最後に大田主を先頭に「ほう、ほう」と音頭をとると、後に続く出演者一同も「ほう、ほう」と合唱することに象徴されている。

他方で、天保六年（一八三五）に記された『求菩提雑記』にみえる「……刀衆一派は斧鉞刀劔を揮、武徳によって四海を鎮り義を顕し、天下泰平を祈り、其外種々作法を勤、終りに盛一臈の当務黒衣に黒袴を着し、班蓋を冠りて松柱の上に登り、修法箒りて其柱休め、神事を満行す」が今はない。まことに、残念なことである。

今一つ、御神歌（遺巻）も当霊山固有性の一つといえよう。

四、松尾山医王寺松会の固有性

松庭に松柱を立てて施主による幣切りを除いて、それ以外の色、刀衆の演目が一応整う。

当霊山は、近世に求菩提山六峰と称されていたため、その影響が強い。それでも、田行事の中の田植えの以外は綾笠を冠るという特徴も保つ。

田行事の中では円形になって踊る田打ちと、田植え、田草取りの所作にある。前者の田打ちの終り近くになって隣の舞子の鍬を叩き壊す。後者の田植えは地に松の小枝を植える所作をして、田草取りで雀脅しという所作をする。

神歌にも、やはり求菩提山の影響がうかがえる。何といっても、当霊山では古式の様相を残す色衆の楽打ち（風流）と称される演目が残っていることにある。

五、檜原山正平寺の松会の固有性

松会に松柱を立て、松庭には刀衆の演目、そして施主のよる幣切りが残っていない。がそれでも祭行列から田行事と神歌がほぼ完全な形で残る。何といっても、当霊山の特徴は神仏習合時代の古式の様相を残していることにある。そのことを傍証する一つが、神輿に乗せる御正体が仏像であることにある。行列には僧侶が加わって読経を購読することの他に、山伏布で顔を覆って袴をはいている。

檜原山柱松の場合、半田康夫氏が昭和二十九年（一九五四）三月の聞き取り調査によって外形と高さのことを記している。それによれば、「戦前まで柱松を立て、柱は六間乃至七間の生木、これに長さ四尺程度の副木を足場にして柱に登り、持参した幣を頂上に立て、秘法をした」としており、柱松の高さと藤葛で縛り付けることは等覚寺と類似しているが、柱松に取付けてある大綱のことは不明。

六、松会の結語

豊前六峰と称された松会のおおよそは、前記したとおりである。以下は、松柱、神輿、松庭、田行事、神歌、斧鉞行事、風流、施主の幣切りとの各項目に分け、その固有性を若干記しておこう。

柱松…松庭に起立する柱松は現在挙行されている等覚寺、文献史料にみえる英彦山がある。友石孝之氏の聞き取り調査で求菩提山と松尾山が、半田康夫氏の聞き取り調査によって判明している。両氏の証言は、貴重な記憶といわざるを得ない。それに加えて松尾山の場合、発掘調査で本来の松庭と柱松を起立させた松庭が判明している。

等覚寺の場合三三尺で、外形に藤葛で三十三節とし、近隣の里山（稲光・谷・山口）から奉納される大綱三本とする。

英彦山は『英彦山権現祭礼絵巻、』の注記に一三間と記されており、外形が藁材で三十三節を作り、東西の大綱二本（雄龍と雌龍）とする。

求菩提山の場合、昭和四十三年（一九七〇）の友石孝之氏の聞き取り調査で次のように記されている。すなわち、古老(元竜蔵坊)の記憶によれば「ここでは、柱松を幣柱と呼んでいました。南谷の智性坊に集まり、勢ぞろいして、それから幣柱を建てていました。大きい綱三本、これは麓の村から寄進するのがならわしで、柱（杉材）には、廻りに朴の木を挟み、その上から藤葛まいていました。柱に登る時、この藤葛を足場にして登ったわけです。」と記録しており、柱起こしから祭当日のことを述べている。加えて、大綱（藁縄）の長さ二十八尋。柱のまわりに大綱三本を張ることは、等覚寺と同じである。なお、『求菩提山雑記』に「拾三尋」と記されている。

友石氏の聞き取り調査で、松尾山のことを次のように記している。松尾山の方も宮総代財城秀男に尋ねると、財城さんの子ども時代までは、ここでもやはり御幣切りが行なわれていたという。「もう五十年も前のことです」と財城さんは語った。つまり、松尾山では大正末期～昭和初期まで施主盛一臈による幣切りが挙行されていたことになる。

檜原山の場合半田康夫氏の聞き取り調査で次のように「戦前まで柱松立て、柱は六間乃至七間の生木、これに長さ四尺程の副木を一尺くらいの間隔にお互い違いに藤葛で縛り付け、これを立て終わると、当役が副木を足場にして柱に登り、持参した幣を頂上に立て、秘法とした」と記しており、柱起こし当日のことを記している。

以下は柱松の外形・柱松に取付けてある大綱・柱松の材料と高さのことを若干のべておこう。まず、英彦山では柱松は藁材で三十三節とする。等覚寺は藤葛で三十三節とし、求菩提山も藤葛、檜原山が藤葛、松尾山のことは分からない。大綱が英彦山では東西に二本、等覚寺が三本、求菩提が三本、松尾山と檜原山は不明。

今一度、柱松の高さのことを検証しておこう。等覚寺の場合三三尺（約一〇メートル）とする。英彦山の場合、『英彦山祭礼絵巻』と「吉書集儀」の二つの史料があって、ともに一三間（約二三・四メートル）、求菩提山には『求菩提山雑記』に「松会の庭に拾三尋の柱を建」と記されており、その拾三尋は（約二三・六メートル）になる。檜原山の場合、当時の聞き取り調査によって六間乃至七間（約一〇・八六～一二・六七メートル）と記される。英彦山・求菩提山の二山の場合、数字になお疑問が残る。それは、自然の巨木（英彦山が松材、求菩提山が杉材）の調達と斎庭（松庭）の広さなどに起因する。以上のことなどから、等覚寺の三三尺の柱松の高さが妥当な数値ではあるまいか。

ここでは、英彦山と他の豊前六峰（等覚寺、求菩提山、松尾山、檜原山）の柱松の相違をみておこう。つまり、柱松の材と高さと外形・大綱の本数が、それである。英彦山では松材で高さが一三間、等覚寺が杉材で高さ三三尺、求菩提が杉材で高さ拾尋、檜原山が生木としている(松尾山は不明)。外形は英彦山が藁材で三十三節としており、等覚寺は藤葛で三十三節、求菩提山の材質は藤葛、檜原山は藤葛であろう（松尾山は不明）。大綱は英彦山が東西二本とするのに対して、等覚寺と求菩提山が三本である（松尾山、檜原山は不明）。

結論としていえる確かなことは、柱松にみる相違は霊山の規模、格式、経済に大きな格差があったことを物語る。この格差こそが英彦山と、その六峰と称される所以に相違ない。

松庭（斎庭）…松庭には注連縄を張って斎庭する求菩提山、松尾山と英彦山の御田植祭、それがないのが等覚寺、檜原山の二者である。

神輿…『彦山文書』によると一の殿（釈迦如来）、二の殿（本地千手観音）、三の殿（西方阿弥陀）と神輿の御神体が記されている。檜原山正平寺の場合も半田康夫氏の聞き取りで「ゴシンは木箱に納められた仏像で、白山権現であるという」ように、神輿の御神体は仏像である。つまり、神仏習合時代の各霊山の御神体は仏像であったことになる。これが、山岳修験特有の文化として古色蒼然といわれる所以である。

田行事…色衆の演技で、その意味は神前にて農業のことを学び、神歌を謡、春種子を蒔いてより秋刈収めまでの業を学びて、百穀の豊饒を祈るのである。つまり、春に先駆けて民衆の農業作業の予告を告げる意味といえよう。

この色衆の演技は彦山の田行事をさておくにしても、最も完成された田行事は求菩提山といえる。それは大田主の登場と出演者一同が「ほうほう」と良くできた田を誉めることにある。等覚寺の場合、おとんぼしと称される案山子の登場にある。松尾山では田打ちの際、隣の木鍬を叩き壊すことと、田植えの際に雀脅しをすることにある。檜原山の場合、ほぼ完璧に田行事が残っていて最も古式の様相を伝承していると思える。

神歌…彦山の神歌は、さておくにしても、求菩提山の屋理巻と称される神歌は松尾山と檜原山への影響がうかがえる。他方、戦国期の戦火にまみれ、近世に復興した等覚寺の神歌は前記した屋理巻とは異なる。何れの神歌も、方言丸出しに違いはない。

斧鉞行事…刀衆に相当する演技で、その意味は、鉞が刀衆の奉持する呪物で長刀舞いは悪魔払いの意味を有し、武徳によって四海を鎮る義を顕して天下泰平を祈る。

鉞の舞いは彦山に残り、等覚寺と松尾山はこれを参考に復元したものである。長刀の舞いには二人役と四人役があって等覚寺のものを参考にして松尾山でも復元をしている。

風流（楽打ち）…色衆の楽打ちと称される踊りは、松尾山のものが古式の様相を保持する。これを参考にして等覚寺では復元したものである。

施主の幣切り…春の祭礼予祝神事のハイライトで、かつ最も重要な幣切り行事は豊前六峰の各霊山でみな挙行されていたが、今日に残るのは等覚寺しかない。

七、松会の成立と推移

中世～近世の間、豊前国最大、かつ春を告げる予祝神事の松会は豊前六峰と称される各霊山では、みな挙行されていた。ことに、九州最大の信仰の対象であった彦山では、近世になっても七、八万人の詣でがあったと文献史料に伝える。

平安時代の申し子といえる松会の起原は、鎌倉期になって成立した。それは、彦山の涅槃会が農民の神祇信仰を取入れて鎌倉初期に成立したものであろう。それとあまり異ならない時期、求菩提山でも成立している。それは、山岳修験文化に民間信仰を取入れ、巧妙に合体した意味はここにある。由来、山岳修験者の祭が里山の人々との深い絆となった。

松会神事は、室町期に成立したとみられる三季峰入りの胎蔵界入峰（春峰）と直結していることも特筆すべきである。その峰入り行事の意味は、いわゆる疑死再生といえる。であるから、釈迦の涅槃会の因果の上に成立したのが胎蔵界の春峰入りで、それは御田植祭と明らかに同一理念の導かれた孕みの祈呪である。他方で除剣と悪魔払いも付加されている。その上、色、刀の両輪衆組を主導した施主が松柱の頂上で幣切りによって貫徹されるのである。これこそが修験道の奥義といってよく、宗教哲学にもかなう輪廻の貫徹であった。

鎌倉から室町期に完成された修験道の各霊山の祭礼は、戦国期になると民衆ではなく、世俗権力との接近を図る。これによって各霊山は、戦火に遇ったりして急速に勢いが衰えることになる。

戦国期に急速に衰えた各霊山は近世になると、歴代藩主の庇護のもとに再び世俗権力との接近を余儀なくされた。そのことを傍証するのが彦山は座主玄賀の就任で朝廷と結びつき、一方の求菩提山は細川時代の法菩提院道閑が東寺と兼帯したり、小笠原氏の甥が智徳院道達と号して座主に就任した。これによって各霊山の修験道は再び往年の姿を取戻したかのようにみえるが、往時の隆盛を望むべくもない。皮肉にも、今日に認められる田行事の中にみえる滑稽な仕草は近世の所産ともいえるし、民衆信仰にかなうものであった。

明治初年の神仏分離と修験道廃止令は、各霊山の息の根を止めることになった。その結果、今日のように春の祭礼は断片的なものになってしまった。戦後の近代化は霊山の麓の里山にも訪れ、多くの山伏の子孫は離散した。祭を根底から支えた麓の里山にも超高齢化との荒波が押し寄せ、豊前固有といえる文化遺産も風前の灯火となりつつある昨今……。

八、結語にかえて

すでに記したように、豊前国の早春の祭礼、〃松会神事〃は英彦山では斎庭と称される松庭に巨大な柱松を樹立した一種のトーテム信仰である。そのことは、豊前六峰と称される霊山でも同じような祭礼が挙行されており、ほぼ同じ意味と内容を持つ。従って、ここでは松会神事の構造を英彦山中心に再度に記して結語としておこう。

元来、わが国の人々の生活を根底から支えたのは稲作農耕文化といっても過言でない。列島社会が、「瑞穂の国」と称される所以は、ここにある。豊前国の山岳修験道の早春の予祝神事〝松会神事〟も、農耕の豊饒と国家の泰平を祈願する祭礼である。それ故、英彦山は民衆の厚い信仰を集めたといっても良い。山岳修験がやや衰退した近世においても、九州諸国の民衆に根強く浸透していたのが、彦山信仰があった。

九州修験道のメッカと称される英彦山を除いても、豊前六峰と称される各霊山があって、みな験者と称される山伏は近隣の民衆とは深い絆で結ばれていた。近隣の民衆が支持した根拠は、神と仏が融合した百穀の豊饒そのもので、他方で山伏らは仏の武徳によって国家の泰平を祈願した。

ところで、豊前国は国家神を奉る宇佐八幡神の膝元である。その宇佐八幡神の本質は戦神で、本能的に神仏融合して後に八幡大菩薩と称した。宇佐八幡神の膝元にも、庶民の神と仏の融合があった。これが、豊前国の支配層および民衆の思考であったに違いない。

松会神事が挙行される当日、まずは三体の御璽（仏像〔一の御璽は釈迦如来、二の御璽は本地千手観音、三の御璽は西方阿弥陀〕）が乗った仏輿が松庭まで行幸して、所定の位置に鎮座する（いずれの霊山ともに三所権現であるから）。

以下、一連の所作が持つ意味を再度記しておこう。色衆の一派場合、農業の法を学び、神詩を謡、早春の種蒔きから秋刈り取りまでの業を行って、百穀の豊饒を祈る。そこに孕みの呪術が内在している所以は、ここにある（陰神）。ちなみに、一部の祭に色衆に山の神の象徴とされる案山子も登場する。刀衆の場合の一派は、斧鉞刀劔を揮、武徳で悪魔払いの除剣としている。その意味は四海を鎮め、武徳によって義を行使するという（陽神）。色衆の楽打ちの場合、色衆、刀衆の両派を祝いの舞いという側面を持っている。松会と称される所以は、松庭に仏輿が鎮座している傍らに、起立する巨大な柱松に具現化されている。柱松の松そのものが春夏秋冬に緑を保ち、齢千年を生きる生命の永遠を意味する。その柱松の外形に道教の神龍を取付けられており、頂上には仏が住む忉利天がしつられている。その忉利天で、仏法の最高峰とされる擬死再生を一年間の荒行を終えて、神の代理を勤めるのが施主盛一臈で、柱松の頂上で五穀豊饒と国家泰平を祈願する。

朗々と法螺貝の音色が全山にこだまする中、右に記したように疑死再生を遂げた、神の代理を勤めるのが本年のヒーローを勤めるのが施主盛一臈。白帛の大御幣を背負って、松庭に起立する柱松によじ登る。頂上には、十二子で象られた忉利天がしつられている。その忉利天に着いた施主は背中に背負った大御幣を外し、やおら天地四方を祓い清める。仏輿行列から、陰神(色衆一派)と陽神(刀衆の一派)がとどこうりなく挙行され、色衆の楽打ちも無事済んだことを降臨する神に報告して五穀豊饒と国家泰平を祈願する。最後が、祭礼の最大のクライマックスとなる。施主は腰の大刀を抜き、その大刀で大幣を切り落とす。天空に舞った帛幣は、ひらひらと松庭に舞落ちる。その瞬間が、陰神と陽神、そして神と仏が結合したことを意味する。

一年間の荒行を乗り越えて疑死再生を遂げた施主盛一臈による幣切り、これこそ豊前修験道の奥義といっても良く、陰神と陽神、そして神と仏が融合した意味を持つ。このようにして、豊前国の早春の松会神事は長い年輪を積み重ねて醸成されていった。松会神事のような祭礼は他国の霊山にはなく、豊前修験道の固有の文化とされる所以がここにある。

豊前修験道の験者と庶民によって深い絆によって成し遂げられた祭礼には、重さと深さを内在している。それは、列島社会に古来より受け継がれて来た神道の上に、大陸から伝来した仏教と道教思想が重層化していることに起因しているからである。

あとがき

昨今の無形文化財事情（主として松会について）

豊前国の山岳修験道の祭典、「松会神事」は一山挙げて連綿と伝えられた早春の一大イベントであった。明治初年の神仏分離以来、多くの山伏は離散して修験道文化も瓦解した。修験道を根底から支えた里山の人々の信仰も希薄となって、祭礼も細々と継承しているにすぎない。戦後〜近年までの昨今は、「松会神事」を根底から支えた里山の人々にも少子・高齢化と超過疎化の荒波によって風前の灯火となった。文化の多様性と固有性が尊ばれる昨今でも松会は、もはや亡びるに過ぎない祭礼であろうか。

さて、かつて豊前国と称されたこの地方には、もう二つ固有性の文化遺産があった。その一つは下毛郡（現・中津市）の三角ヶ池の真薦《こも》で作った薦枕を宇佐神宮の御神体として奉納する行幸会である。もう一つが放生会と称される祭で、この祭は縮小して宇佐地域のみで挙行されているにすぎない。

松会神事も、宇佐神宮の二つの祭と同じような運命をたどるのだろうか。

現状と課題

本書の命題は二つある。その一つが、豊前国の平安時代の申し子と称される松会神事のことである。これについては、第二、三章に記した通りである。

第二章の基礎は、地元郷土史家らの戦前の皇国史観に対する痛切な反省に起因するもので、一九七〇〜八〇年代の山岳宗教史研究叢書（名著出版）となって結実した。第二、第三章の研究をリードしたのが友石孝之、佐々木哲哉、重松敏美、長野覺各氏らであった。彼らの研究による成果は、ほぼ完成の域に達しているといっても過言でない。従って本書に述べた松会神事のことに関しては、細部を除いて彼ら先学者の成果をなぞったにすぎない。

もう一つが、第一章に記した豊前国の概史のことである。これに関しては近世の名著伊藤常足著『太宰管内志』と渡辺重春著の『豊前志』が出版されて久しい。この二つの歴史書は地誌類に分類されるが、それ以降豊前国の歴史を語った書物はないように思う。従って、この二つの書物は筆者にとってバイブルにも等しい書物で、第一章の目標もここにある。まだ未熟であるが、本書に記した概史はまだ見ぬ「新版　豊前志」の一里塚として位置づけている。

筆者にとって忘れ得ない先志者がいる。それは中国哲学史研究者で、道教の世界的権威であった福永光司先生。先生との交流はわずか三年余りあったが、忘れ得ない言葉が今も心の中に残る。それは「豊国、すなわち豊前国の歴史を語る時、少なくとも列島を超えて東アジア世界の中に位置付けなければ物事の本質を失う」とのことであった。

今流に言えば、グローバル的な視野が不可欠であるとのことである。その言葉を、肝に命じ、日々研鑽を重ねて完成させたいと思う。なお、まだ見ぬ「豊前学」の中に本論の松会神事を文化史として位置づけてこそ、本来の課題も適うものと思う。

終わりに

本書は、かつて豊前国修験道祭礼の象徴として隆盛を極めた「松会神事」である。この祭りの現状は、本編で幾度もふれたように、明治初年の排仏毀釈、明治五年修験道廃止令、そして戦後からの急激な生活様式の変化によって風前の灯となっている。それでもしかし、昨今の荒波にもまけず、各霊山ではひっそりと伝統文化を継承している人びとがいる。

本書が、多くの人びとに対して「松会神事」への理解を深める一助になり、さらに伝統文化の継承に少しでも寄与することができたら幸いである。

二〇〇八年に制定された国土交通省による「まちづくり法」、これは、歴史的建造物の保存、伝統的文化財の継承による活性化を図ろうというものである。

日本の三大修験道の霊場である英彦山地域を有する添田町が二〇一四年に「歴史的風致維持向上計画」に認定された。これは全国で四十六番目、福岡県では太宰府市に次いで二番目である。

これを期に、豊前国固有の文化「松会神事」が英彦山で再現復活する可能性があるのではないかと思っている。英彦山の「松会神事」は「英彦山絵巻」として記録されているし、この法の趣旨に沿った事業になるのではないかと思うのである。

最後になったが、写真など多くの史料を関係者から提供いただいた。深く感謝申し上げる。海鳥社の西俊明社長をはじめ、スタッフの皆さんには、毎回真っ赤な校正紙に根気よく取り組んでいただいた。お礼を申し上げる。

二〇一五年二月二十日

長嶺正秀

引用・参考文献一覧

第一章

川添昭二・武末順一・岡藤良敬・西谷正浩・梶原良則・折田悦郎著『福岡県の歴史』山川出版社、一九七七年、

苅田町教育委員会編『厚葬の時代Ⅰ』秋の特別展示録、二〇〇九年

坂本太郎、・平野邦雄監修『日本古代氏族人名辞典』普及版、吉川弘文館、一九九〇年

苅田町教育委員会編『律令時代と豊前国』二〇一〇年秋の特別展示図録、二〇一〇年

有馬学・川添昭二編『福岡県の地名』平凡社、二〇〇四年

豊田寛三他・後藤宗俊・飯沼賢司・末廣利人著『大分県の歴史』山川出版社、一九九七年

浅野健二校注者『人国記』岩波書店、一九九七年

第二章

長野覺「英彦山山伏の在地活動」中野幡能編『英彦山と九州の修験道』山岳宗教史研究叢書13、名著出版、一九七七年

佐々木哲哉「彦山の祭事と信仰」田川郷土史会編『増補英彦山』葦書房、一九七八年

佐々木哲哉「彦山の松会と祭礼絵巻」五来重編『修験道の美術・芸能・文学Ⅱ』山岳宗教史研究叢書15、名著出版、一九八一年

苅田町・苅田町教育委員会編『等覚寺の松会』一九九三年

苅田町教育委員会編『等覚修験道遺跡群』苅田町文化財調査報告書第二七集、一九九六年

苅田町編『軌跡　かんだ町の歴史』苅田町合併五〇周年記年史、二〇〇五年

村上龍生著『英彦山修験道絵巻』かもがわ出版、一九九五年

添田町まちづくり課編『添田町歴史的風致維持向上計画』二〇一四年

第三章

有馬学・川添昭二編『福岡県の地名』日本歴史地名体系第四一巻、平凡社、二〇〇四年

中野幡能編「大分県の地名」日本歴史地名体系第四五巻、平凡社、一九九五年

佐々木哲哉「彦山の祭事と伝承」桜井徳太郎編「山岳宗教と民間信仰の研究」山岳宗教史研究叢書6、名著出版、一九七六年

友石孝之「求菩提山の松会」中野幡能編『英彦山と九州の修験道』山岳宗教史研究叢書13、名著出版、一九七七年

半田康夫「桧原山の松会」中野幡能編『英彦山と九州の修験道』山岳宗教史研究叢書13、名著出版、一九七七年

苅田町・苅田町教育委員会編『等覚寺の松会』一九九三年

長野覺著『英彦山修験道の歴史地理的研究』名著出版、一九八七年

写真の提供など協力をいただいた団体

財団法人北九州市芸術文化振興財団埋蔵文化財調査室、英彦山神宮、添田町立英彦山修験道館、添田町まちづくり課、福岡県立求菩提資料館、豊前市教育委員会生涯学習課、求菩提山お田植祭保存会、中津市教育委員会文化財課、檜原山まつ会保存会、苅田町教育委員会生涯学習課、等覚寺松会保存会、上毛町教育委員会、松尾山松会保存会、長崎県立平戸市松浦史料博物館、内尾山宝蔵院相円寺

本書の執筆、出版に協力いただきました

岩本教之、植田規容子、佐々木哲哉、亀田修一、桑原恒治、佐野正幸、塩塚誠、末永浩一、末永弥義、高崎章子、棚田昭仁、照本久、中村琢、前田義人、松本高志

長嶺正秀（ながみね・まさひで）昭和26年（1951）、島根県に生まれる。福岡県苅田町役場に勤務。教育委員会技術技師として文化財の調査、遺跡、古墳の発掘調査に携わる。苅田町教育委員会編『厚葬の時代Ⅰ』（秋の特別展示録、2009年）、苅田町教育委員会編『律令時代と豊前国』（秋の特別展示図録、2010年）などの企画制作を担当。著書に『石塚山古墳の謎』（共著、海鳥社、1991年）『筑紫政権からヤマト政権へ・豊前石塚山古墳』シリーズ「遺跡を学ぶ」（新泉社、2005年）がある。

豊前国《ぶぜんこく》の松会《まつえ》
その歴史《れきし》と精神世界《せいしんせかい》

■

著者　長嶺正秀

■

2015年４月10日　第一刷発行

■

発行者　西　俊明
発行所　有限会社海鳥社
〒812−0023　福岡市博多区奈良屋町13番４号
電話092(272)0120　FAX092(272)0121
http://www.kaichosha-f.co.jp
印刷・製本　大村印刷株式会社
ISBN978-4-87415-939-2
［定価は表紙カバーに表示］